内蒙古边境特色小城镇建设

推动「中蒙俄经贸合作」研究

STUDY ON THE PROMOTION OF "SINO-MONGOLIA-RUSSIA ECONOMIC AND TRADE COOPERATION" IN THE CONSTRUCTION OF SMALL TOWNS WITH CHARACTERISTICS IN THE BORDER OF INNER MONGOLIA

李琪 著

内蒙古财经大学经济发展研究院资助

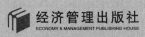

经济管理出版社

ECONOMY & MANAGEMENT PUBLISHING HOUSE

图书在版编目（CIP）数据

内蒙古边境特色小城镇建设推动"中蒙俄经贸合作"研究 / 李琪著 . —北京：
经济管理出版社，2018.9
ISBN 978-7-5096-6069-0

Ⅰ.①内… Ⅱ.①李… Ⅲ.①小城镇—城市建设—研究—内蒙古②中外关
系—对外经贸合作—研究—蒙古、俄罗斯 Ⅳ.① F299.272.6 ② F752.731 .1
③ F752.751.2

中国版本图书馆 CIP 数据核字（2018）第 234744 号

组稿编辑：李红贤
责任编辑：李红贤　杜羽茜
责任印制：黄章平
责任校对：张晓燕

出版发行：经济管理出版社
　　　　　（北京市海淀区北蜂窝 8 号中雅大厦 A 座 11 层　100038）
网　　址：www.E-mp.com.cn
电　　话：（010）51915602
印　　刷：北京晨旭印刷厂
经　　销：新华书店
开　　本：710mm×1000mm/16
印　　张：8.75
字　　数：153 千字
版　　次：2020 年 12 月第 1 版　2020 年 12 月第 1 次印刷
书　　号：ISBN 978-7-5096-6069-0
定　　价：68.00 元

前　言

PREFACE

中蒙俄经济走廊既是丝绸之路经济带的重要组成部分，也是"一带一路"六大经济走廊之一；既是各方面深化连接俄罗斯、蒙古国合作的重要通道，也是联通东亚经济圈和欧洲经济圈的重要桥梁。内蒙古自治区地处中国北部边疆，联通俄罗斯和蒙古国，是中蒙俄经贸合作的重要组成部分，在中蒙俄经济走廊的建设中发挥着不可替代的作用。

本书在众多学者研究的基础上，概括了特色小城镇的内涵、特点、类型、发展困境、发展模式和发展路径，认为建设边境特色小城镇的基础包括政策基础、资源基础和经济基础，发展动力包括资源优势、区位优势、交通优势等内部动力和中心城市的扩散与吸引、政策的调控等外部动力。同时，本书分别对二连浩特市、满洲里市、莫尔道嘎镇和白狼镇四个边境特色小城镇的发展现状进行了描述，详细分析了各城镇在发展过程中存在的主要问题，阐明了其发展的主要优势和劣势，并根据各个城镇的特点和优势界定了城镇发展类型。其中，二连浩特市和满洲里市因拥有国家政策扶持和良好的地理位置等优势被界定为产业园区型特色小城镇，莫尔道嘎镇和白狼镇因拥有优质的自然环境等优势被界定为旅游型特色小城镇。

针对边境特色小城镇发展的不同现状及存在问题，本书分析了影响内蒙古自治区边境特色小城镇发展的因素，包括经济和政策两类一般影响因素，以及地理环境和社会环境两类特殊因素。最后，本书结合国内外特色小城镇的建设经验，针对不同主体和不同地区提出了加强内蒙古边境特色小城镇建设的对策建议，具体包括政府积极参与城镇化建设、加强跨境合作、产业主体积极探索转型模式、规划管理过程中把民众放在主体地位等不同主体措施，以及加强边境特色小城镇的基础设施建设，完善多元主体监督，政府精准引导、注重宣传，大力开发市场，发展特色产业，调整产业结构等总体措施。

目 录 Contents

第一章
导 论

一、选题背景

随着经济全球化趋向缓慢发展阶段，众多国家以区域经济一体化谋篇布局，寻找推动经济发展的新动力。2013年，习近平提出共建"一带一路"合作倡议，旨在通过加强国际合作，对接彼此发展战略，实现优势互补，促进共同发展。2017年5月，在首届"一带一路"国际合作高峰论坛圆桌峰会上，习近平同多位国家领导人一起发表了联合公报，确立了共建"一带一路"的目标、原则、举措，达成了多项具体成果。2019年4月，在第二届"一带一路"国际合作高峰论坛圆桌峰会上，习近平提倡各方一道，绘制精谨细腻的"工笔画"，让共建"一带一路"倡议走深、走实，更好地造福各国人民。共建"一带一路"以来，我国本着共商、共建、共享原则，全面推进政策沟通、设施联通、贸易畅通、资金融通、民心相通，为全世界的经济增长注入了新动力，为全球发展开辟了新空间。

中蒙俄经济走廊是"一带一路"沿线最早启动实质性合作的经济带，是"一带一路"的重要组成部分。2016年，中国、蒙古国、俄罗斯联合签署了《建设中蒙俄经济走廊规划纲要》，标志着"一带一路"首个多边合作规划纲要正式实施，表明在区域合作上中蒙俄三国具有更卓越的基础条件和更多的共同利益契合点，对"一带一路"的发展具有示范意义。习近平指出，中蒙俄三国发展战略高度契合。中国提出共建丝绸之路经济带，获得俄罗斯和蒙古国的积极响应。我们可以把丝绸之路经济带同蒙古国草原之路、俄罗斯跨欧亚大铁路倡议进行对接，打造中蒙俄经济走廊，使中蒙俄经贸合作迈向新的台阶。

二、选题意义

内蒙古自治区(以下简称"内蒙古")地处我国北部边疆,横跨三北,外接俄蒙,内连八省区,在国家对外开放大格局中具有重要战略地位。而中蒙俄经济走廊有两个通道:一是华北通道,从京津冀到呼和浩特,再到蒙古国和俄罗斯;二是东北通道,从沈阳、大连、哈尔滨、长春到满洲里和俄罗斯的赤塔,而这两条通道都经过内蒙古自治区。随着"一带一路"建设的深入实施,特别是国家把中蒙俄经济走廊作为"一带一路"六大经济走廊之一,内蒙古开放发展的地缘优势进一步凸显。内蒙古自治区紧紧抓住"一带一路"建设的重大机遇,充分利用区位优势,加强与俄罗斯、蒙古国的合作,发挥向北开放前沿阵地和桥头堡的作用。截至2018年,内蒙古自治区对俄罗斯边境开放了六个口岸:满洲里铁路口岸、满洲里公路口岸、黑山头水运口岸、室韦水运口岸、二卡公路口岸、胡列也吐水运口岸。对蒙古国开放了十个口岸:二连浩特铁路口岸、二连浩特公路口岸、策克公路口岸、甘其毛都公路口岸、珠恩嘎达布其公路口岸、阿日哈沙特公路口岸、满都拉公路口岸、额布都格水运口岸、阿尔山公路口岸、巴格毛都公路口岸。其中,满洲里和二连浩特分别是我国连接俄蒙两国的最大陆路口岸。另外,还有四个国际航空口岸:呼和浩特航空口岸、海拉尔航空口岸、满洲里航空口岸和鄂尔多斯航空口岸。这些口岸都是连接欧亚大陆桥的重要的交通枢纽和关键节点,因此探究内蒙古边境特色小城镇建设具有重要的战略意义。

三、研究目的

内蒙古自治区边境地市与俄蒙两国的互通互市,为边境特色小城镇的建设和发展提供了良好的契机。在城镇化发展进程中,需要不断地寻找新的突破口和发展动力,发挥不同地区的比较优势,形成具备明确产业分工的特色小城镇群,这对中国新型的城镇化建设具有积极影响和重大意义。当前,内蒙古特色小城镇建设需要在整合已有区位优势、合作基础、政策优势的基础上寻找新的经济增长动力,加强与俄蒙两国的经贸合作,进一步打开向北开放窗口,使"一带一路"建设由蓝图变为现实。本书在中蒙俄经贸合作背景下,对内蒙古自治区边境小城镇的建设情况和发展现状进行研究,提出内蒙古边境特色小城镇的发展目标与发展思路,以及具有较强操作性和针对性的建议及对策,以期为相关部门提供政策参考。

四、研究内容

本书遵循"宏观背景—理论基础—现状问题分析—影响因素分析—经验借鉴—制度保障和政策支持"的思路，具体内容安排如下：

第一章为导论，交代了本书的研究背景、意义、目的及主要内容。

第二章为文献综述，梳理了学者在特色小城镇的内涵、特点、类型、发展困境、模式和路径等方面的研究成果，认为特色小城镇是指在产业、资源、文化、社会等方面表现出特色优势，并能够在特色小城镇建设中将这些特色优势转化为发展的推动力和核心竞争力的小城镇，其特点为产业"特而强"、形态"小而美"、功能"聚而合"、机制"新而活"。按照特色小城镇的发展动力源对其进行分类，主要分为自然生态型、历史文化型、特色产业型等，但由于特色小城镇发展尚不成熟，出现了产业特色不突出、规划不完善、生态可能恶化等问题。为了解决这些问题，学者提出了特色小城镇的发展模式和路径。发展模式主要有两种分类方式：一种是按照特色小城镇的主导者，即政府和企业在特色小城镇的建设中发挥的重要程度来分类；另一种是按照特色小城镇采用哪种机制发展分类。发展路径则按照发展所依靠的动力源和特色小城镇的形态变化来分类。

第三章为理论基础，结合分工理论、区位理论、区域经济一体化理论和产业经济相关理论深入分析内蒙古自治区边境特色小城镇的发展现状和存在问题。

第四章为特色小城镇发展历程及作用，先是对特色小城镇的发展历程进行了回顾，即由城镇化到小城镇，再到特色小城镇，层层递进，描述了特色小城镇从孕育成型到全面铺开再到规范发展的全过程，并对比分析了在城市化、工业化发展浪潮下出现的国外特色小城镇。在厘清特色小城镇整体发展脉络和发展状况的前提下，对内蒙古的边境特色小城镇展开研究。在中蒙俄经济走廊加快建设的过程中，内蒙古的边境特色小城镇发挥着口岸、跨境桥梁和政策引导作用，凭借资源优势和区位优势，对内蒙古以及整个国家的发展起着重大作用。

第五章为边境特色小城镇现状及类型界定，在对典型区域进行大量调查研究的基础上，分析了二连浩特市、满洲里市、莫尔道嘎镇、白狼镇这四个典型边境特色小城镇的发展现状。四个地区均受到政府的大力扶持，其中二连浩特市作为我国向北开放的桥头堡，政策叠加优势凸显，口岸服务功能不断完善，口岸贸易发生了飞跃式的发展，同时还是世界最大的白垩纪恐龙化石埋藏地，与蒙古交往密切。二连浩特市重视传统产业、加工工业及加工装配业，侧重于劳动密集型产业，形成了较清晰的工业部门。满洲里也以口岸城市著称，以木材加工业、旅游业、交通运输业等产业为支撑，发展口岸经济，带动当地经济不断发展。满洲里市和二连浩特市均以特色产业作为经济发展动力，口岸贸易发达，产业联系密切，因此均被界定为产业园区型特色小城镇。莫尔道嘎镇所在的额尔古纳市有丰富的矿产资源、水资源、湿地资源，拥有包括草原、冰雪、草和森林，以及极具风格的少数民族特色文化在内的旅游资源；白狼镇也依托独特的地理环境优势和丰厚的历史文化底蕴，打造独特的旅游文化品牌，如林俗文化、游牧文化、冰雪文化等，两者均被界定为旅游型特色小城镇。但这四个边境特色小城镇均存在不同的发展困境，二连浩特市经济基础建设比较落后，物流业发展明显滞后，口岸经济的产业结构很不合理，企业融资困难；满洲里市口岸受到国家政策和口岸贸易政策的限制较大，贸易结构不够合理，贸易体制和文化制度存在差异；莫尔道嘎镇则存在旅游资源开发的同质化、产业政策制约严格等问题；白狼镇存在阿尔山市与白狼镇事权和财权配置不合理、白狼镇与毗邻乡镇政府之间竞争大于合作等问题，这些问题亟待解决，否则将严重制约特色小城镇的发展。

第六章为边境特色小城镇建设基础及影响因素，即通过分析找出影响内蒙古边境特色小城镇发展的基础及影响因素。发展基础包括政策基础、资源基础、经济基础，在这些基础之上，结合资源优势、区位优势、交通优势、经济优势、产业优势、行政优势等内在动力，以及中心城市的扩散与吸引、外围市场带来的发展机遇、政府政策的调控、工业化的推动作用、区域基础设施的建设、资金投入等外在动力，共同推动了内蒙古边境特色小城镇近年来的蓬勃发展。边境特色小城镇的影响因素和发展基础、发展动力基本一致。

第七章为内蒙古边境特色小城镇建设路径及对策。首先，在借鉴国内外相关经验的基础上，结合特色小城镇发展的相关理论，提出内蒙古边境特色小城镇的发展总目标与思路，明确要建设适应当地优势和政策大环境的高质量的特色小城镇。其次，根据不同主体和不同地区，提出了加强内蒙古边境特色小城镇建设的对策建议，从国家和政府、企业、小城镇居民三个方面入手，全方位把控，做到国家和政府大力推动、企业积极配合、民众参与监督，保证各个环节相互贯通，确保特色小城镇的持续发展。最后，提出具有较强操作性和针对性的建议及对策，具体包括：政府积极参与城镇化建设、加强跨境合作、产业主体积极探索转型模式、规划管理过程中把民众放在主体地位等不同主体措施，以及加强边境特色小城镇的基础设施建设，完善多元主体监督，政府精准引导、注重宣传，大力开发市场，发展特色产业，调整产业结构等总体措施。

第八章为结论。

文献综述

特色小城镇是新型城镇与乡村振兴的重要结合点，也是促进高质量经济发展的重要平台。随着特色小城镇的快速发展，与特色小城镇相关的研究在学术界受到广泛重视，研究角度主要集中于特色小城镇的内涵、类型、特点、困境、路径和发展模式等方面。

一、特色小城镇的内涵

国内外学者针对特色小城镇的内涵展开了广泛研究。2016 年 10 月，国家发改委发布《关于加快魅力特色小（城）镇建设的指导意见》（发改委规划〔2016〕2125 号），明确指出特色小城镇是以传统行政区划为单位，特色产业鲜明、具有一定人口和经济规模的行政建制镇。李正宏和李波平（2013）认为，特色小城镇是在新型城镇化建设的基础上衍生出的概念，特色小城镇的"特色"主要体现在产业特色上，以特色产业推进小城镇建设，进而在小城镇建设的进程中体现出有别于其他小城镇的特色。刘国斌等（2017）认为，特色小城镇是指以某一特色产业为依托，具有一定的产业基础和清晰的产业定位，通过政府、企业等多方参与规划建设，使其具备独特的文化内涵、宜居宜游的环境、完善的基础设施以及灵活的体制机制的一种新的区域发展模式。田雯婷（2018）指出，特色小城镇的"特色"指的是其产业性质，即特色小城镇将传统产业融入信息经济、环保、健康、旅游、时尚、金融、高端装备等产业，同时采取"特色产业＋旅游业"的发展模式打造产业生态系统，将单一产业升级为贴近居民需求、游客需求的复合型产业链。陈晓蓁（2017）认为，特色小城镇即有特色的、较小的城镇。一般是指城乡地域中地理位置重要、资源优势独特、经济规模较大、产业相对集中、建筑特色明显、地域特征突出、历史文化保存相对完整的乡镇，它介于城乡之间，地位特殊，特色鲜明。周晓虹（2017）指出，特色小城镇既是一种优化生产力布局、注重内涵的发展模式，也是一种破解有效供给不足、推动产业转型和产业升级的经济模式，还是一种多元参与、体制开放、协同共享的社区或社会治理模式，区别于其他发展模式的最突出的特点在于特色小城镇注重文化的创新和再造。蔡续（2015）提出，特色小城镇是建立在资源特色、产业特色、文化特色、地理特色等一系列"特色"基础上的小城镇，并将这些特色转化成推动特色小城镇发展的动力，以此确定小城镇的竞争优势。Antonín等（2016）对小城镇作为城市的重要组成部分及其在农村的地位进行了论述，认为可以将小城镇定位为农村中心。

综上，学者们对特色小城镇内涵的理解大致相同，即特色小城镇是指在产业、资源、文化、社会等方面表现出特色优势，并能够在建设过程中将这些特色优势转化为发展的推动力和核心竞争力的小城镇。本书研究的特色小城镇主要是特色小城和特色小镇，其中特色小城包括二连浩特市和满洲里市，特色小镇是莫尔道嘎镇和白狼镇。特色小城镇主要是指拥有一定的资源禀赋条件或者以产业为基础，发展目标较小的城镇。学者将其定义为一种区域的发展模式，或者是一种创新创业平台，但无论将定义的重心放在哪里，都突出了产业作为其重要依托所发挥的作用。特色小城镇在发展过程中很注重产业的发展，如产业定位、产业特色、产业平台等，强调高端要素和优质产业的集聚，以新理念、新机制、新载体推进产业集聚、产业创新和产业升级。

特色小城镇虽以产业为依托，但两者有很大的区别。一方面，特色小城镇以居民为主体，具有多元的功能、完善的服务、社区的认同、浓郁的生活氛围，它更加注重给居民生活带来发展机遇和改变，强调特色产业与新型城镇化、城乡统筹、美丽中国、美丽乡村等结合，是一种产业与城镇有机互动的发展模式，更加注重社会效益；而产业在很大程度上只是实现特色小城镇发展目标的一种工具或者手段，是为了追求更大的经济效益。另一方面，特色小城镇更多针对的是小城镇和城中村改造，追求产业、居住和服务等空间功能布局的紧凑、协调、和谐；而产业则没有明确的地理位置限制，无论是小城镇，还是大城市，都需要发展产业。

特色小城镇离不开特色产业，但特色小城镇还承载了除却产业以外的文化、旅游等其他功能。特色小城镇的特色不只限于产业，诸如城镇格局、建设风貌、自然景观、历史人文、生态环境和生活方式等都可能形成特色。

二、特色小城镇的特点

学者们对特色小城镇的特点有不同的总结。赵海洋（2018）认为，特色小城镇的特征主要表现在以下几个方面：一是特色产业带动；二是产业发展、文化、旅游、宜居社区四种功能；三是形态小、环境美；四是坚持市场化运作。李集生等（2018）、刘国斌等（2017）也持相同观点。陈晓蓁（2017）认为，特色小城镇的特点有：第一，特色小城镇的发展重心是一些高端服务业；第二，特色小城镇注重专业性人才培养；第三，特色小城镇一般位于城市内部或城市周边，既能拥有一片相对独立的空间，又方便与周围区域进行合作；第四，特色小城镇的相关辅助设施配套可以为创业创新提供必要的设备，也可以为产业发展提供适宜的创业环境和先进的创业条件；第五，特色小城镇的交通、公共服务等基础设施配套与周围的城市相配合；第六，特色小城镇注重选址，大多建设在环境优美的地方；第七，在人文环境方面，特色小城镇注重提升居民和企业的归属感与幸福指数，培养自身独特的区域文化，使之成为"特色"的一部分；第八，特色小城镇的自治性强。埃比尼泽·霍华德（2010）提出"田园城市"理论，即小城镇是"城乡结合体"，兼具城市和乡村的优点，不仅有良好的空间环境，也有充足的工作机会，本质上是以城乡一体的思想对旧的城乡分离结构进行改革。该观点影响了西方城市发展的方向，而这些城乡结合处也孕育出不同的特色小城镇。

特色小城镇最主要的特点即"特"和"小"。国内学者的观点基本一致，主要从特色小城镇的产业、形态、功能、机制四个方面进行总结和归纳，指出特色小城镇的特点为产业"特而强"、形态"小而美"、功能"聚而合"、机制"新而活"，围绕这些基本特点，有些学者对特点的描述更加具体，例如将其中的功能进行细说。国外学者则从一些个性方面提出了特色小城镇的特点，如差异性、城乡结合，这些特点主要是国外学者结合其本国案例得出的，具有一定的独特性，但与我国学者的观点也有一定联系，比如"特"即是差异性的体现，没有区别就没有特色。

三、特色小城镇的类型

特色小城镇发挥优势，形成独具特色的类型，学者们对特色小城镇的类型也进行了研究。林玮（2017）认为，特色小城镇主要分为七种类型，包括：第一，市场型，主要指市场化程度高、服务能力强，具有较大辐射影响力，可以形成以商贸服务业为主导产业的小城镇；第二，产业园区型，主要指具有传统产业、加工工业及加工装配业，侧重于劳动密集型产业，基本上形成了较为清晰的工业部门，并与大中型城市企业联系紧密的小城镇；第三，交通型，主要指或位于公路、铁路、河流交汇连接处，或者是位于航空港口等交通枢纽地带的小城镇；第四，特色农业型，主要指利用有特色的林果类、水产品类等农产品，建立观光农业区、度假休闲区、生产基地，吸纳居民参观、度假、品尝、采购，接受科普教育、陶冶性情，产生经济、社会和环境综合效益的特色小城镇；第五，旅游型，其特征是或多奇山异水、秀丽的风景，或拥有悠久的历史、多名胜古迹，或紧邻大城市，有着和城市截然不同的田园风光，并在旅游的热潮中被开发形成独具特色的旅游型特色小城镇；第六，历史文化型，主要指利用有底蕴的文化来带动相关产业发展的小城镇；第七，城郊型，主要指地处城市的边郊地带，受到中心城市的强烈辐射，可能在不远的将来变成城市的一部分，或者发展成为城市的卫星城，但在今后的一段时间内依然独立存在的小城镇。赵秀玲（2017）提出，特色小城镇应该是类型多样的，但主要有四种模式：一是建立在市区的特色小镇，如杭州市西湖区云栖小镇；二是在建制镇基础上建立的特色小镇，具有代表性的是徐州市铜山区张集镇；三是因区镇联动发展而建立的特色小镇；四是在行政村中建立的特色小镇，如丽江·九色玫瑰特色小镇。徐晓曦（2016）认为，特色小城镇可分为自然生态、历史文化、特色产业等类型。朱瑾（2018）认为，特色小镇可以分为以下几种：第一，文化型特色小镇。文化体验、农事体验、参加论坛、观赏演出（演艺）、摄影、民俗体验、手工制作等特色活动提及较多，反映在空间环境上。第二，景观型特色小镇。一般位于度假区、风景区、旅游胜地，以旅游产业为核心，提供的特色活动包括休闲娱乐、健康养生、温泉度假等。第三，产业型特色小镇。以产业为导向，产业提及较多，所提供的特色活动包括创业、研发等。第四，IP型特色小镇。不仅仅是传统意义上的IP，其含义可以理解为"核心吸引力＋全产业链"。"核心吸引力"是IP的主体内容和品牌形成的基础，全产业链则是后续开发的延展性。谢海生等（2018）认为，根据特色小镇发展的要素需求，可区分为内生型特色小镇和外生型特色小镇。其中，内生型特色小镇主要依靠本地资源、文化、环境等要素来发展，特色产业主要依靠其特色资源发展来形成；外生型特色小镇则主要依靠外来投资打造，对区位、交通等要求更多。对于特色小城镇的类型，学者们的意见大致相同。

特色小城镇的分类决定了如何对特色小城镇进行定位、如何确定经济可行性，以及如何进行规划建设。由于特色小城镇的建设目前还处于探索阶段，所以存在很多种分类方法。特色小城镇分类的核心在于发展的动力源，即主要的收入来源和盈利模式是什么，按照该核心点进行分类，特色小城镇可以分为三类，即产业型、社区型、旅游型。从根本上讲，任何一种特色小城镇基本都属于这三种类型或是这三种类型的复合版。

四、特色小城镇发展的困境

特色小城镇在发展过程中也面临着许多问题，这些问题值得我们深入研究。刘国斌等（2017）认为特色小城镇在发展中存在以下困境：第一，存在"马太效应"，特色小城镇建设在我国东西部地区发展不平衡；第二，融资渠道较少，特色小城镇发展后续动力不足，仅仅依靠政府有限的财政资金和国家的资金扶持，不足以支撑特色小城镇的全面发展；第三，政府绩效导向，特色小城镇建设"外实内虚"，部分地区由于政府单方面地追求政绩，导致特色小城镇的建设出现"形象工程"；第四，特色小城镇定位不清，功能联动性弱。张少楠等（2018）、孙亚铃（2017）、金立中（2016）等持同样观点。杨秀等（2018）认为特色小城镇在发展中面临的困境有产业升级转型之困、建成环境整体品质提升之困、产权分割导致用地整合之困。高树军（2017）认为，特色小城镇在建设过程中仍然存在整体规划、文化保护、生态保护、配套机制等方面的问题，即缺乏系统性整体规划、地方特色彰显不足；缺乏有效的政策保障，城镇经济发展后劲不足；片面追求城镇开发，忽视文化内涵塑造；片面追求经济效益，生态环境遭到破坏。段嫦娥（2018）也持相同观点。

由于特色小城镇创建时间不久，发展还不成熟，目前存在很多发展困境，尽管学者具体列明的点不尽相同，但和发展优势一样，特色小城镇面临的问题也有很多相同之处。学者们普遍认为，特色小城镇的发展困境主要在于产业特色不突出、规划不完善、生态可能恶化三个方面，也有学者提出融资难、配套措施不完善等。

五、特色小城镇的发展模式

特色小城镇的不同发展模式带来了不同的发展效益，学者们对此进行了深入研究，提出了不同的发展模式。B. 盖伊·彼得斯（2001）根据政府在小城镇建设中的角色，提出政府未来的发展模式以及治理方式可包含四类状态：提出减少政府内部规则的解制型政府、认为政府需要更多的灵活性的弹性化政府、主张对政府管理有更多参与的参与式政府、强调政府管理市场化的市场式政府。Costa（2001）针对特色小城镇的建设过程构造模型，提出将旅游规划作为小城镇总体规划的一部分。Murphy 和 Boyle（2006）分析了英国工业小镇根据当地工业发展的情况和地域文化，使工业小镇向旅游业转变，最终实现经济发展模式的转变，并提出政府与当地居民应当保护与发展当地的文化传统，以促进经济发展。赵海洋（2018）认为，特色小城镇的发展模式是以特在产业、特在机制、特在形态、特在功能为主体，相互联系、相互协调。特在产业是指特色产业和旅游产业；特在机制是指以政府为主导，以企业为主体的市场化运营机制；特在形态是指"独特的小城镇风貌 + 错落的空间结构"；特在功能是指"产业 + 文化 + 旅游 + 社区"（见图 2-1）。

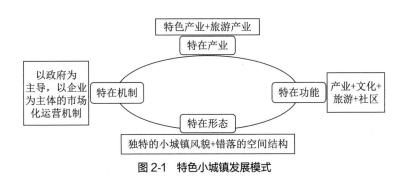

图 2-1　特色小城镇发展模式

谢海生等（2018）认为特色小城镇有以下几种发展模式：第一，由政府主导的内生型特色小城镇发展模式，即拥有一定的产业基础和特色资源，并在这个基础上搭建经营平台，政府参与到这一过程中。第二，政企合作的内生型特色小城镇经营模式。相关专业化企业与政府合作，成立专门的机构经营特色小城镇，企业提供专业化技术服务，政府为小城镇规划、基础设施建设提供一系列便利。第三，政府主导的外生型特色小城镇发展模式，即政府搭建平台，引入特色产业的发展模式。第四，企业主导的外生型特色小城镇经营模式，即政府充分发挥社会资本作用，由专业化企业搭建平台，待平台成形后再引入企业的发展模式。张车伟（2019）持相同观点。

陈一静（2018）认为特色小城镇的发展模式有以下几种：第一，产业型发展模式。特色小城镇产业型发展模式的核心是产业优势，主要是通过发展单一产业，做到产业精、细、特、强。同时，利用互联网技术，推动特色小城镇朝着产业链方向发展，形成研发、生产、销售、售后一站式服务（见图2-2）。

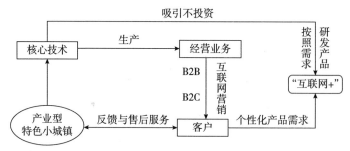

图2-2 产业型特色小城镇发展模式

第二，功能型发展模式。从特色小城镇的实际发展情况看，功能型发展模式是中国特色小城镇的主要发展模式，根据其功能进行划分，特色小城镇可以划分为生态旅游型特色小城镇、文化传承型特色小城镇、休闲旅游型特色小城镇等。无论是哪种类型的特色小城镇，其核心都是通过提供消费服务、产品定制以及门票销售获得收益（见图2-3）。

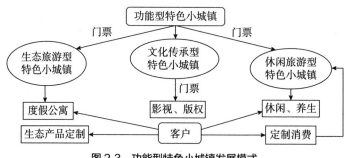

图2-3 功能型特色小城镇发展模式

第三，机制型发展模式。机制型特色小城镇的特点是，小城镇在建设的过程中以政府为主要引导，龙头企业为发展主体，加上服务型企业，形成具有层次感的产业链发展模式（见图2-4）。这种特色小城镇的核心是政府利用资金支持以及政策支持，吸引龙头企业对特色小城镇进行投资，进而吸引为龙头企业服务的小型服务企业参与小城镇建设，从而带动特色小城镇快速发展。

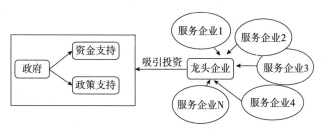

图 2-4 机制型特色小城镇发展模式

鲁钰雯等（2018）认为特色小城镇的产业发展模式可以分为以下几种：第一，提供信息技术和金融服务，如高新技术产业小城镇、基金小城镇、金融小城镇、创客小城镇、知识小城镇；第二，提供实物产品服务，如机器人小城镇、美妆小城镇、智能装备小城镇、袜艺小城镇、陶瓷小城镇；第三，提供经验服务，如旅游小城镇、历史小城镇、健康小城镇、文化小城镇、体育小城镇。

从新型城镇化的角度出发，苏斯彬和张旭亮（2016）认为，应瞄准新型城镇化的本质要求，着力在新型城镇化的人口导入、投资模式、功能环境、政府角色等方面创新思路。从供给侧结构性改革的角度出发，陈宇峰和黄晨（2016）指出，立足当地资源禀赋，以浙江省内经济部门的模块化来推动产业集聚升级，并推动省内跨地区跨行业联动，有效提高特色小城镇的整体经济运转效率。从系统观的角度出发，朱莹莹（2017）认为加快特色小城镇建设应建立好政务生态系统、创业创新生态系统、自然生态系统、社会文化生态系统四个生态系统，抓好科学规划、分类发展、运营管理、集聚转化、要素保障五个方面的重点。从生产力布局原理出发，白小虎等（2018）基于区域发展产业集聚视角，以及微观层面的城市圈、都市圈，结合产业的区位选择解释了浙江从块状经济到特色小城镇空间布局的演变路径。从建设运营模式出发，宋家宁和叶剑平（2016）认为，在特色小城镇的建设和发展中，目前亟须解决的问题是城镇化建设缺乏特色，且对原生态区域保护不力，没有将小城镇原本的旅游资源与先期发展很好地结合起来，PPP模式下带来的巨量资金推动为特色小城镇建设提供了运营路径的可行性。丁伯康（2016）认为，PPP模式为特色小镇提供了机制和资金上的双重保障，可以有效解决资金缺乏和商业模式不成熟的问题。从独特文化视角出发，陈立旭（2016）强调了文化支撑在特色小镇建设中的重要作用，即特色小城镇在建设的过程中，需要重视文化凝聚力的培育，重构维系成员的共同精神纽带，发挥文化的引领、渗透、感召、辐射和凝聚作用；需要把强化文化特色、彰显独特文化魅力贯穿于特色小城镇建设全过程，提升特色小城镇的文化形象、文化品位；需要通过文化传播的凝心力带动"镇民"的创业热情和意志，并由此加大对想要来小城镇创业的新人群的吸引力、向心力。从治理的角度出发，徐剑锋（2016）认为，特色小镇突破了纯粹的行政区划与园区空间限制，注重宜居与宜创的融合，为人才集聚、创新创业提供了新的平台。闵学勤（2016）指出，从小镇治理主体多元化和智库化、小镇运行机制平台化和网络化、小镇创新体系常态化和本土化以及小镇绩效评估精细化和全球化等方面入手，可将特色小城镇创建带入精准治理的轨道。方应波等（2019）认为，特色小城镇应与产业相结合，平衡区域经济发展，完善城镇乡村建设模式，多元发展，培育特色产业，形成持续动力。

周凯政（2016）提出温州建设特色小城镇可以借鉴以下几种模式：第一种模式，大企业主导推进特色小镇建设。例如，云栖小镇就是由阿里巴巴集团推动发展的云计算产业特色小镇。温州瓯海时尚智造小镇，就是以温州服装领军企业森马集团作为投资主体，既保证了项目投资资金来源，同时也能因森马集团在时尚鞋服产业的行业优势，吸引产业链上下游其他企业进驻特色小城镇，有利于打造完整的产业生态。第二种模式，政府先导推进特色小城镇建设。余杭梦想小镇就是由政府推动的信息经济产业特色小镇，由未来科技城管委会在3个月的时间内投入15亿元建成并投入使用。在基础设施相对完善之后，管委会强力推进招商，集聚良好创业项目，大力吸引基金、股权投资机构、互联网金融和财富管理机构。第三种模式，对已有产业进行改造，推进特色小城镇建设。产业是特色小城镇建设的核心，如果能结合温州已有产业基础规划建设特色小城镇，可以有效利用块状经济、山水资源和历史文化比较优势，通过资源整合、项目组合和功能集合，提升产业发展内涵，推动传统产业升级。第四种模式，无中生有特色小城镇建设。例如，达沃斯小镇作为瑞士知名的度假胜地，通过举办世界经济论坛、国际会议、体育盛会发展旅游会务休闲产业。第五种模式，高等院校推动特色小城镇建设。高等院校是科技创新、人才资源集聚区，例如硅谷小镇的发展正是依托美国一流大学如斯坦福、加州大学伯克利分校等，以高科技的中小企业群为基础，使得硅谷成为高科技创业小镇。

关于特色小城镇的发展模式，学者们主要有两种分类方式：一种是按照特色小城镇的主导者即政府和企业在特色小城镇中发挥的重要程度来分类；另一种是按照特色小城镇采用哪种机制发展分类，这种分类方式把特色小城镇的发展模式分为功能型、机制型、产业型。但两种分类方式的结果其实是相互贯通的，例如功能型发展模式也分政府主导和企业主导，所以只是分析的侧重点有所不同。

六、特色小城镇的建设路径

研究特色小城镇发展的路径，可以为其他小城镇的建设提供借鉴。吴奶金等（2017）总结了福建省特色小镇建设经验后得出四条建设路径：一是加强品牌建设，提高特色小城镇知名度；二是升级传统产业，创造消费新需求；三是优化创业创新环境，吸引优质项目进镇；四是完善政府引导机制，赋予企业主导权。刘国斌等（2017）认为，选择特色小城镇的发展路径应该立足区位特点，确立发展重点；培育特色产业，实现产业集聚；"顶层设计＋基层探索"共同助力特色小城镇健康发展；完善评估体系，实现科学评价；升级融资方式，实现多渠道融资；转变政府职能，强调企业主体地位；推进产城融合，提升生态宜居性。韩刚和于新东（2015）认为特色小城镇要遵循六大发展路径：第一，特色化路径。特色小城镇的"特色"是其一切发展的出发点与落脚点。第二，市场化路径。要始终坚持以市场为主导的特色小城镇培育建设发展理念，在更好地发挥政府的公共服务、规范秩序等职能的同时，充分发挥市场在资源配置中的决定性作用。第三，项目化路径。在可行性论证之后，特色小城镇建设进入到培育发展的实质性阶段，项目化运作成为特色小城镇培育发展的重点领域、主攻方向与关键环节。第四，产业化路径。特色小城镇要推动传统产业升级，促进新兴产业发展，构建一批具有明确产业定位、文化内涵和旅游功能的产业发展空间载体。在产业培育过程中要开阔思路，把产业做成完整链条。第五，互联网路径。应用推广全方位、立体式的"互联网＋"。第六，法制化路径。依法治理特色小城镇，强化特色小城镇建设发展的法治化、制度化保障，着力推进特色小城镇的治理体系和治理能力现代化。杨秀等（2018）和杨阳（2018）持相同观点。

王振坡等（2017）认为，特色小城镇发展的第一个路径是从产业园区到特色小城镇。传统产业园区应利用建设特色小城镇的机会，对园区产业进行梳理，明晰产业发展思路，清退一批低端、散乱、不符合园区定位的企业。第二个路径是从重点城镇到特色小城镇。重点城镇应该抓住特色小城镇的建设机遇,大力发展成为产业特色小城镇。第三个路径是从城市综合体到特色小城镇。特色小城镇并不一定要建在远离城市的地方,它的建设理念是生产、生态、生活的融合,只要把"三生"空间融合做好,都可以叫特色小城镇。李凌岚等(2018)提出了"上下结合"的特色小城镇可持续发展路径,从政府和市场两个视角对特色小城镇的核心价值和建设路径进行研究。从"上"深入剖析国家相关政策的战略性含义,以及特色小镇诸多的实践经验与问题,全局性地审视特色小城镇在国家政策及政府需求中的意义和价值,提出了特色小城镇未来发展路径的选择原则。从"下"通过对企业在小城镇投资、建设、运营过程中的角色与诉求的分析,明确了市场在特色小城镇建设发展中的决定性作用,通过分析特色小城镇的市场价值,提出了特色小城镇可持续发展的要素体系。冯奎和黄曦颖(2016)总结了浙江特色小城镇建设经验,提出要走创新与绿色发展道路,要有完整周密的政策体系,要"看得见、行得通",大力扶持中小企业以及持续制度供给。金兴华(2016)基于产业导向提出特色小镇应选择能够发挥小城镇优势的产业。徐梦周和王祖强(2016)认为构建价值导向、空间环境、系统结构及支撑制度等关键培育要素的内在契合,以及相应形成的价值主张机制、协同整合机制和创新激励机制是小镇良好运行的重要保障。

特色小城镇各自的特色不同,功能定位也有差异,其发展路径必然有所不同。对发展路径的研究主要从以下两个方面着手:一是从发展模式上,即发展所依靠的动力源;二是从特色小城镇的形态变化上,研究特色小城镇是由产业园区、重点城镇还是由城市综合体演变而来的,而不考虑发展所依靠的动力。

由于特色小城镇的提出时间较短,国内外学者关于特色小城镇的研究相对较少,现阶段对特色小城镇的研究主要集中在基础理论上,如内涵、类型、特点、发展困境、发展模式和发展路径,学者们的观点区别不大,还需要通过更多的案例论证观点的正确性。

理论基础

一、分工理论

现代经济学之父亚当·斯密提出了绝对利益理论。亚当·斯密从一般制造业工厂内部的分工入手，进而分析了国家之间的分工，认为各国可以利用再生产某种产品的绝对优势来进行专业化生产，并以此专业化产品同其他国家进行贸易。亚当·斯密的国际分工原则建立在生产商品的成本差异的基础之上，而这种成本差异是绝对的。虽然亚当·斯密的分工论是针对国际分工和贸易提出的，但同样也适用于区域分工理论。也就是说，任何区域具有其绝对有利的生产条件，并且各区域的专业化生产可以提高生产效率。各区域按绝对有利的生产条件进行分工，生产成本最低的产品，然后在区域之间进行交换，能够使各区域的资源和生产要素都得到最有效的利用，从而提高区域劳动生产率，促进区域经济发展。

分工是生产力发展到一定阶段的产物。从威廉·配第开始，就有很多经济学家对分工的形成机理以及分工对经济的促进作用做过研究。由于资源的稀缺性和人们技能的差异性，分工产生并发展起来。分工的发展及专业化则适应了最大限度提高资源配置效率的要求。区域分工是指在特定的区域进行特定的生产活动，因此区域分工是高程度分工的体现。各个地区由于自然禀赋、人文社会条件等的不同，在不同的领域具有不同的生产效率。生产效率差别和自然条件差别使得生产出来的产品和服务具有价格差别，从而形成交换，即贸易的需求，这种贸易需求进一步强化使得专业化生产进一步强化，而这种专业化的区域分工又在一定程度上促进了不同区域获得最大收益。因此，由于自然禀赋和生产效率的不同，区域的分工也会有一定的规律可循。区域分工理论就是为了验证资源和社会条件的不同对各个区域专业化分工产生影响，各个地区试图寻找自己的优势以形成专业化的分工，从而促进各个区域经济效率最大化。县域经济作为区域经济的一种特殊形态，应重视区域分工理论。县域应该树立区域分工理念，发挥地区优势，走特色发展之路。

二、区位理论

区位是一个具有"空间"和"运动"属性特征的概念，是某事物占有的场所。1882 年，德国经济学家 W. 高茨首次提出"区位"一词。1890 年，英国经济学家马歇尔的《经济学原理》首次出版。1909 年，德国经济学家阿尔弗雷德·韦伯在《论工业区位》一书中首次系统地论述了工业区位理论。《经济学原理》对区位理论特别是区位理论中的产业集聚现象有三点重要的贡献：第一，劳动力市场的共同分享；第二，中间产品的投入与分享；第三，技术外溢。由于这三个重要概念具有理论创新的突破性进展，20 世纪 20 年代至 90 年代，这三个基本定义便成为从新古典区位理论到以新经济地理学为核心的现代区位理论。《工业区位论》则更进一步对集聚经济现象的形成机理、动力机制、集聚类型、竞争优势等内容加以梳理与补充，使新古典区位理论有了一个良好的发展开端。区域经济学提出区域划分是根据生产要素的不完全流动性、生产活动的不完全可分性、产品与服务的不完全流动性等特征和标识来进行的。区位理论是研究人类活动，包括产业、城市和区域经济活动的空间组织及优化理论。区位优势，也就是所在空间位置的综合资源优势，即某一地区在社会经济发展或者自然环境等方面客观存在的有利条件或优越地位。区位优势是一个综合性的定义，仅凭单方面的优势很难形成区位优势。一个地区的区位优势主要由自然环境、生态资源、工业聚集、空间位置、交通条件等决定。区位优势会随着有关条件的变化而变化，是不断发展的概念。

三、区域经济一体化理论

区域经济一体化作为 20 世纪 80 年代以来最具有活力的经济现象之一，它的迅速发展已经成为当今世界经济的一个显著特征。"经济一体化"

的概念最早大约在 20 世纪 30 年代被使用。1931 年，瑞典经济学家赫克歇尔在他的两卷本《重商主义》中，认为经济一体化是各国经济之间的贸易融合到一个更大区域的过程。1933 年，德国经济学家 Herbert Gaedicke 和 Gertvon Eynern 在《欧洲的生产——经济一体化：一项关于欧洲国家对外贸易关联性的考察》中使用"经济一体化"来描述各个国家之间在贸易和经济上的关联性。20 世纪 40 年代，"经济一体化"在美国开始使用，最早于 1947 年出现在美国政府文件中。此后，在 1949 年 10 月召开的欧洲经济合作组织大会上，美国经济合作署长保罗·霍夫曼公开使用了这一词语并鼓动西欧经济走向一体化。在这里，"经济一体化"显然具有了一般意义上的"将各个独立的经济结合成为一个更大的经济区域"的含义。此后，伴随着西欧各国经济不断走向联合，人们对区域经济一体化的研究逐渐增多，并在此基础上形成和发展了日益丰富和完善的区域经济一体化理论。关于区域经济一体化理论的形成，普遍得到认可的说法是，它形成于 20 世纪 50 年代。在短短的半个多世纪的时间里，区域经济一体化理论蓬勃发展，已经形成了完善而丰富的理论体系。区域经济一体化指两个或两个以上的国家或地区，通过相互协商制定经济贸易政策和措施，并缔结经济条约或协定，在经济上结合起来形成一个区域性经济贸易联合体的过程，促使各成员国的经济活动逐步走向一体化。当代经济活动国际化程度的不断提高是区域经济一体化发展的客观基础和根本动力，经济全球化和世界经济发展的不平衡所导致的国际竞争日益加剧是推动区域经济一体化发展的外在压力，各国政府经济职能的日益加强成为推动区域经济一体化发展的源动力。

四、产业经济相关理论

（一）产业竞争力理论

产业竞争力的理论基础主要有两个：比较优势原理和竞争优势原理。古典经济学家亚当·斯密于 1776 年首次提出了绝对优势理论，另一位古典经济学家大卫·李嘉图于 1871 年提出了比较优势原理。根据大卫·李嘉图的理论，商品的相对价格差异即比较优势是国家之间进行贸易的基础。迈克尔·波特指出，必须采用竞争优势理论来解释产业竞争力问题。竞争优势有别于比较优势，它是指各国或各地区相同产业在同一国际竞争环境下所表现出来的不同的市场竞争能力。

产业竞争力,亦称国家竞争优势理论,由哈佛商学院著名学者迈克尔·波特教授提出。迈克尔·波特于1990年在《国家竞争优势》一书中提出了全球竞争的基本原则:要问的不再是为什么某个国家有竞争力,而是为什么某个国家的某个产业特别具有竞争力,进而提出国家竞争优势的"钻石理论"。迈克尔·波特对多个国家、多个产业的竞争力进行深入研究后认为,产业竞争力是由生产要素,需求要素,相关和支持产业,企业战略、组织结构、竞争状态四个主要因素,以及政府行为、机遇两个辅助因素共同作用而形成的。其中,前四个因素是产业竞争力的主要影响因素,构成"钻石模型"的主体框架,四个因素之间彼此相互影响,形成一个整体,共同决定产业竞争力水平的高低。"钻石模型"构筑了全新的竞争力研究体系,提出的竞争优势理论包含了比较优势原理,并大大超出了后者的解释范围。迈克尔·波特的"钻石体系"理论提出后,在世界范围内产生了广泛而深刻的影响,受到许多国家政府、产业界和学术界的推崇。由于"钻石体系"理论为产业竞争力研究提供了一个较完整的分析框架,加上一些学者的实证研究验证了该理论具有一定的合理性,所以"钻石w体系"理论得到了学术界几乎一致的认同,因此这一理论成为了产业国际竞争力研究的理论基础。

产业竞争力,是指某国或某一地区的某个特定产业相对于他国或地区同一产业在生产效率、满足市场需求、持续获利等方面所体现的竞争能力。产业竞争力的内涵涉及两个基本方面的问题:一个是比较的内容;另一个是比较的范围。具体来说,产业竞争力比较的内容就是产业竞争优势,而产业竞争优势最终体现为产品、企业及产业的市场实现能力。因此,产业竞争力的实质是产业的比较生产力。所谓比较生产力,是指企业或产业能够以比其他竞争对手更有效的方式持续生产出消费者愿意接受的产品,并由此获得满意的经济收益的综合能力。产业竞争力比较的范围是国家或地区,即产业竞争力是一个区域的概念。因此,产业竞争力分析应突出影响区域经济发展的各种因素,包括产业集聚、产业转移、区位优势等。

(二)产业链理论

关于产业链的思想,一般认为最早来源于西方古典经济学家亚当·斯密在《国富论》中对分工的论述。该产业链主要指企业内部资源的利用,后来,马歇尔将其延伸到企业间的分工协作,这也是产业链理论的正式起源。美国发展经济学家赫希曼基于产业关联的视角,认为产业链的联系分为向前联系和向后联系。后来，供应链、价值链等相关理论开始兴起，进一步丰富了产业链的理论研究，但同时使其相对弱化、概念更为广泛。

产业链是产业经济学中的一个概念，指各个产业部门之间基于一定的技术经济关联，并依据特定的逻辑关系和时空布局关系客观形成的链条式关联关系形态。产业链分为接通产业链和延伸产业链。接通产业链是指借助某种产业合作形式将一定地域空间范围内断续的产业部门串联起来；延伸产业链则是指将一条既存的产业链尽可能地向上下游拓深延展。产业链向上游延伸一般使得产业链进入到基础产业环节和技术研发环节，向下游拓深则进入到市场拓展环节。产业链的实质就是不同产业的企业之间的关联，而这种产业关联的实质则是各产业的企业之间的供给与需求。产业链是一个包含价值链、企业链、供需链和空间链四个维度的概念。这四个维度在相互对接的均衡过程中形成了产业链，这种"对接机制"像一只"无形之手"调控着产业链的形成。产业链的本质是用于描述一个具有某种内在联系的企业群结构，它是一个相对宏观的概念，存在两维属性，即结构属性和价值属性。产业链中存在着大量上下游关系和相互价值的交换，上游环节向下游环节输送产品或服务，下游环节向上游环节反馈信息。

（三）产业结构理论

产业结构理论的思想源头可以追溯到 17 世纪。威廉·配第在 17 世纪第一次发现了导致世界各国国民收入水平差异和经济发展出现不同阶段的关键原因是产业结构的不同。他于 1672 年出版的《政治算术》中认为，工业比农业收入多，商业又比工业收入多，即工业比农业附加值高、商业比工业附加值高。

产业结构是指在社会再生产过程中，一个国家或地区的产业组成即资源在产业间的配置状态，产业发展水平即各产业所占比重，产业间的技术经济联系即产业间相互依存、相互作用的方式。产业结构分为广义产业结构和狭义产业结构。狭义产业结构，指产业与产业之间的数量关系结构、技术经济联系方式。广义产业结构，不仅包括狭义产业结构的内容，还包括产业关联和产业布局。产业关联指最终产品产业与其中间产品产业之间以及这些中间产品产业本身之间的技术经济联系；产业布局指对产业发展布局进行整体布置和规划。

（四）产业升级理论

在国外，关于产业升级的正式研究始于 20 世纪 90 年代末。国际上，对于"产业升级"概念的理解基于全球链的视角，认为其是由低技术水平、低附加值状态向高新技术、高附加值状态的演变趋势。Porter（1990）认为产业升级是一种要素转移，使资本和技术密集产业获得充裕的资源禀赋，依托比较优势发展的过程。国内对产业升级概念的理解主要是产业结构的改善，以及产业素质与效率的提高。吴崇波是国内最早讨论产业升级的学者，他对产业升级的解释是"产业结构的升级换代"。产业升级必须依靠技术进步。产业结构的改善表现为产业的协调发展和结构的提升；产业素质与效率的提高表现为生产要素的优化组合，技术水平、管理水平以及产品质量的提高。

从微观层面来看，产业升级指产业产品附加值的提高。从中观层面来看，产业升级指产业产品平均附加值的提高。产业升级、产业平均附加值的提高不仅指产业的平均利润率提高，其最终表现为产业结构升级。产业结构升级前的附加值提高是产业升级的量变，产业结构升级是产业升级的质变。产业结构升级使产业进入经济增长方式转型阶段。从宏观层面来看，产业升级指产业结构升级，即一个国家经济增长方式的转变。宏观的产业升级或产业结构升级既指旧的产业结构升级，也指新的、更高级的业态产生。

无论在微观、中观还是宏观层面，提高产品附加值都是产业升级的核心与灵魂，提高经济活动的主体性是提高产品附加值的根本。提高产业附加值主要指产业结构的改善以及产业素质与效率的提高。产业结构的改善表现为产业的协调发展和结构的提升；产业素质与效率的提高表现为生产要素的优化组合，技术水平、管理水平以及产品质量的提高。

特色小城镇发展历程及作用

一、特色小城镇发展历程

（一）中国城市化进程回顾

中华人民共和国的成立将中国的城市化进程带入一个新的阶段，但是可以看出中国的城市化发展也并非一路平坦，由于没有充分尊重经济发展的客观规律，城市化发展道路充满了波动和曲折。总体来看，中国的城镇化发展主要可以分为以下几个阶段：

1. 起步准备期（1949~1952 年）

中华人民共和国成立前夕，党的十届二中全会提出将今后的工作重点从农村转移到城市，并于 1952 年提出了"以重工业为主，轻工业为辅"的工业发展道路。中华人民共和国成立之初，我国城市数量为 69 个，百废待兴，因此国家提出优先发展重工业的发展战略。因此在这一阶段，资源丰富的城市得到了长足的发展，城市化进程也从这些城市开始启动。

2. 短暂发展期（1953~1957 年）

在经过了三年的国民经济恢复期之后，1953 年我国提出了第一个五年计划。"一五"计划主要是为了发展重工业，并且考虑到国防需求，因此重点布局在工业基础好的东北地区与内陆城市，如沈阳、哈尔滨、兰州、武汉等。虽然这些城市在"一五"计划的推动下取得了长足发展，但是发展中存在的一些弊端也开始逐渐显露。一方面，由于过分强调支持重工业发展，而忽视了轻工业和第三产业的发展，导致了经济结构的失衡与商业流通的萎缩,同时,由于农产品供应不足,被迫实行统购统销政策并加强了户口制度,控制城市人口,这些举措限制了人员的自由流动,导致城乡二元结构出现。另一方面,"一五"计划片面强调生产关系对生产力的作用,希望通过人为加速公有制进程以促进生产力与工业化的发展,这种做法忽视了客观经济规律,反而阻碍了城市化的发展。这些问题的出现对后续中国城市化发展均产生了深远的影响。

3. 起伏波动期(1958~1965 年)

这一时期主要是指"大跃进"、自然灾害与国民经济调整阶段。"大跃进"完全背离了客观经济规律,严重破坏了农村生产力,并出现了过度城市化的现象。在"大跃进"期间,我国遭遇了严重的自然灾害,因此在后来的国民经济调整时期,政府被迫动员城市人口返回农村,出现了"反城市化"现象。同时,在这一时期户籍制度进一步加强,城乡二元结构更加巩固,导致城市化进程出现了比较大的波动。

4. 发展停滞期(1966~1976 年)

1966~1976 年,我国的城市化基本处于停滞阶段,在政府的号召下,出现了大规模的工厂内迁、上山下乡运动,因此再一次出现了"反城市化"现象,城市化进程发展十分缓慢。在此期间,城市数量仅仅增加了 18 个。

5. 过渡时期(1977~1981 年)

经历了"文化大革命"之后,政府出台了各项政策,出于社会主义现代化建设的需求,大批下放人员陆续返城。1978 年恢复高考制度之后,为大量农村子弟提供了进入城市学习工作的机会,因此这一时期城市化进程重新启动,1981 年我国的城市化水平超过 20%。但是这一时期城市人口的增长主要是返城的结果,城市人口自然增长仍十分缓慢,并没有体现出经济发展在城市化进程中的推动作用,因此属于过渡时期。

6. 乡村城市化时期(1982~1991 年)

在这一时期,我国农村地区的城市化进程取得了长足的发展。农村地区的发展主要得益于以下两个方面:第一,家庭联产承包责任制的实施重新将土地归还给农民,这极大地调动了农民的生产积极性,农业生产力得到了巨大的发展,农村出现了剩余劳动力;第二,国家户籍政策的松动为农村剩余劳动力向城镇流动提供了可能性，因此我国的乡镇企业得到了快速的发展。在这一时期，我国小城镇的数量增长明显加快，建制镇从1978年的2173个增长到1990年的11392个。同时，城市内部的经济结构也逐渐完善，第三产业发展加快，开始允许外资企业与个体经济发展。

7. 快速城市化时期（1992年至今）

20世纪90年代以来，在全球化浪潮的推动下，我国改革开放的程度进一步提高，经济发展迅猛，这为城市化的发展提供了强大的动力。2000年10月通过的《中共中央关于制定国民经济和社会发展第十个五年计划的建设》，首次将城市化战略提升到国家层面。

（二）小城镇发展历程

在谈及特色小城镇的发展历程时，我们不能跳过中国小城镇的发展历程。对中国小城镇研究最深入的学者就是著名社会学家费孝通先生，他将中国小城镇的发展总结为以下三个阶段：

第一个阶段是实施家庭联产承包责任制，即农民在完成国家规定的相关农产品产量任务后，有权利承包土地进行生产活动，以此实现劳动力的解放和充分运用，进一步提高了生产能力，推进农村、农业的大发展。

第二个阶段是乡镇企业的兴起，这是农村工业化的开端。由于各地区的发展条件和环境有差异，造就了发展模式各异、发展类型丰富的乡镇企业。我们以苏南地区和珠江三角洲地区为例。20世纪50年代后期，在苏南地区从事农业生产不能维持广大农民的生活需要，迫于生计，小型作坊应运而生。人民公社将农民的资金聚集起来，在小作坊的基础上创立了"社队工厂"。人民公社解体后，因为无法将集体财产进行分割，所以将"社队工厂"保留下来，改名为乡镇企业。在珠三角地区，乡镇企业的发展得益于改革开放之后香港小企业向内地的扩散。这些沿海地区的农村一般都曾有大量移民进入香港，他们中有不少人在香港经营小型的工业。当内地实行开放政策准许他们回乡办厂时，他们发现如果他们的企业在香港和家乡之间跨地经营，由于工资差别，获利可以成倍增加，于是产生了所谓"前店后厂"的经营模式，即把店面留在香港，继续和客户接触，而把厂房搬回家乡的农村里或传统的小镇里。在20世纪80年代后期，珠三角地区的农村兴起了大量的这类乡镇企业。以此为契机，这个地区的农村大为繁荣，成为经济迅速发展的突出样本。凡是和珠江三角地区类似的沿海侨乡，如厦门、福州等地区情况相同，乡镇企业也先后兴起。

第三阶段是新型小城镇的形成和发展，它标志着农村城市化的开始。随着市场经济的不断发展，全国农村的工厂由少变多、由小变大。为了便利经营，大多数工厂迁出了原来因陋就简的农舍作坊，盖起了有相当规模和设备的厂房，并集中到附近交通方便、基础设施较优的市镇上。这样使得在"文化大革命"中日渐衰败、已经冷冷清清的传统市镇，在20世纪80年代初期获得了复兴。这就是新型小城镇的开始，也是农村经济发展第三阶段的初期模式。新型小城镇是在乡镇企业发展的基础上出现和发展的，它不同于传统市镇，已冲破了原来只作为农副产品贸易场地的性质，正在逐步变成农民集体或个体兴办工厂、商店、服务业的中心。它已经可以远程采购原料，经过制造，远程提供半成品和消费品，实质上已成了广大市场的一部分，和大中城市已接上了贸易关系，也就是说它已具备了一定程度的城市功能。所以我们可以说，农村发展的第三阶段是继第二阶段农村工业化而发生的农村城市化。以上这些说明了当前中国新型小城镇的发展有其历史性特点。简单地说，它是在中国社会现代化过程中出现的农民走上工业化和城市化道路的重要里程碑。由于中国国土广阔，人口众多，地区差别大，这个过程的具体形式和内容必然多种多样、有先有后。这种地区差和时间差又相互依存、交相影响，因而既要看到各地小城镇兴起的一致性，还要看到这个过程的复杂性。中国并不是在一片空地上建造新的楼房，而是在传统经济的区位格局里生长出新的且符合今后文化、社会、经济发展需要的园地。只有对这项大工程的根本性质有深入的理解，才有可能最经济、最有效地设计出这个巨大工程的蓝图。我们至少要从人口、土地和国力等主要客观条件出发来考虑设计这项工程的任务。我们的任务是要在国力许可的条件下，妥善地根据这段时间人民的收入水平，以不同的聚居形式将人民安排在不同地理条件的既定的国土范围之内，使他们能够日益富裕、安居乐业。

（三）特色小城镇发展进程

国家统计局发布的《2017年国民经济和社会发展统计公报》显示：2017年全国进城落户人口达1330万人，中国城镇化率达58.52%，比上年末提高1.17个百分点，新型城镇化加快推进。自从浙江省提出特色小镇概念以来，建设特色小镇的浪潮已迅速席卷全国。归纳起来，建设特色小城镇大致经历了孕育成长、全面铺开、规范提质三个阶段。

第一阶段，特色小镇在浙江源起并孕育成型，逐渐探索出一套可推广、可复制的经验。一是明确了特色小镇的概念和内涵。浙江省在提出特色小镇概念之初，就强调"特色小镇是相对独立于市区，具有明确产业定位、文化内涵、旅游和一定社区功能的发展空间平台，区别于行政区划单元和产业园区"，从内涵和空间范畴上对"特色小镇"与"特色镇""产业园区"等容易混淆的概念进行了界定和区分。随后，在国家出台的政策中，也延续了浙江省的思路，对特色小镇和特色镇进行了区分。概念的界定具有非常重要的意义。在城镇体系规划中，特色镇是对镇级行政区所做的一种功能定位，与特色小镇在空间范围、管理体制、产业运作方式等方面具有明显差异。特色小镇的规模一般是几平方公里，大部分为1~3平方公里，这样一个空间尺度便于通过企业力量进行建设，有利于提高资源利用效率，同时政府在基础设施和公共服务方面的投资压力也不会太大，有利于政府对债务风险的把控。

二是充分运用市场资源和市场手段推动特色小镇建设。浙江省明确提出，特色小镇建设要坚持政府引导、企业主体、市场化运作的原则。一方面，强调企业的主体地位。每个特色小镇在申报之初就要明确产业定位、投资主体、投资规模、建设计划，以企业为主推进项目建设，引入有实力的投资建设主体，让专业的人干专业的事。另一方面，强调政府引导和服务保障，在规划编制、基础设施配套、资源保障、文化内涵挖掘和创造、生态环境保护等方面积极发挥作用。浙江省发布的《全省特色小镇创建导则》要求申请创建的小镇必须编制概念性规划，部分小镇还编制了控制性详细规划和核心区城市设计。此外，浙江省在创建过程中特别强化了对特色小镇的动态考核，建立了有效的进入退出机制。2016年，根据对78个特色小镇的考核结果，6个被警告，5个被降格。

三是在建设过程中提炼出可复制的"浙江特色"。其一，产业"特而强"。注重产业转型与创新的含金量，突出投资的有效性，与实体经济紧密结合，尤其是聚焦前沿技术、新兴业态、高端装备和先进制造。浙江省明确提出，特色小镇一方面要聚焦信息经济、环保、健康、旅游等支撑未来发展的七大产业，另一方面要兼顾茶叶、黄酒等历史经典产业。既要前瞻性布局产业，又要有传统优势产业的传承。其二，功能"聚而合"。将产业功能、文化功能、旅游功能和社区功能高度融合，通过发掘文化功能、嵌入旅游功能、提升公共服务，有山、有水、有人文，让小镇居民不仅能有创新创业的工作环境，更能舒适地生活。其三，形态"小而美"。浙江省提出，特色小镇的规划空间应集中连片，规划面积控制在 3 平方公里左右，建设面积控制在 1 平方公里左右，坚持规划先行、多规融合、联动编制、强化建筑风格的个性化特色设计。其四，机制"新而活"。将特色小镇定位为综合改革试验区，赋予其探索行政管理体制、财政税收等方面的改革功能。在市场主体登记制度上，放宽上市主体核定条件，实行集群化住所登记，把准入门槛降到最低。这些经验的不断总结和提炼为特色小镇的复制与推广提供了借鉴。

第二阶段，全面铺开特色小镇建设。特点之一是多项引导政策密集出台。2016 年可以称为我国特色小镇建设启动之年。住房和城乡建设部等三部门提出，到 2020 年培育 1000 个左右各具特色、富有活力的休闲旅游、商贸物流、现代制造、教育科技、传统文化、美丽宜居等特色小镇。国家发展和改革委员会出台指导意见，提出坚持创新探索、坚持因地制宜、坚持产业建镇、坚持以人为本、坚持市场主导的建设原则，按照大城市周边的重点镇、具有特色资源和区位优势的小城镇、远离中心城市的小城镇等分类推进建设。围绕特色小镇的金融支持、保持特色小镇建设特色等，有关部门出台了各种具体的指导意见和配套措施。同时，体育休闲、农林等部门也出台了特色小镇的培育要求。国家部委组织的国家级特色小镇申报得到了各地的广泛关注和响应。住建部分两批将 403 个镇列为全国特色小镇，国家体育总局将 96 个项目列为第一批运动休闲特色小镇试点项目。

特点之二是地方跟进加快建设特色小镇。浙江省依托本地优势开展特色小镇建设的实绩得到中央充分肯定后，全国其他省份纷纷跟进，提出了本省份的特色小镇建设方案和目标。如贵州省提出"十三五"期间，继续支持 100 个示范小城镇建设发展，带动全省 1000 多个小城镇同步小康；山东省提出到 2020 年创建 100 个左右特色小镇；安徽省提出到 2021 年培育和规划建设 80 个左右省级特色小镇。各地方普遍在财政资金、土地指标等方面对特色小镇给予倾斜支持。如云南省提出 2017~2019 年，省级单列下达特色小镇建设用地 3 万亩；凡纳入创建名单的特色小镇，2017 年省财政为每个项目安排 1000 万元启动资金。

特点之三是在特色小镇建设热潮中出现一些苗头性问题。其一，对特色小镇的内涵把握不准，存在认识盲区。有的地方对特色小镇建设的长期性估计不足，不是循序渐进而是急于求成，市郊镇、市中镇、园中镇、镇中镇等不同形式下的特色小镇发展模式缺乏深入探索。特别是有的地方过于注重争特色小镇的"帽子"，对创建过程的制度设计重视不够，没有建立起有进有出、激励地方探索差异化发展模式的政策机制。其二，没有处理好政府与市场的关系，市场力量参与不足。寻找具有竞争力和突出特点的产业，对建设特色小镇尤为关键。部分地方在未经充分论证的情况下，由政府先指定主导产业、后招商引资，内容重复，形态雷同，项目的简单堆砌和碎片化开发情况比较严重，不但加剧了企业之间的同质化竞争，而且难以确保产业具有市场前景和发展潜力。同时，在基础设施建设等方面贪大求快，不惜完全依靠财政资金和政府举债支撑，加重了地方债务风险。其三，配套改革不足，难以发挥制度创新优势。特色小镇受原有行政管理体制的束缚较少，但很多地方对于提高行政效率、降低企业制度成本等方面的改革重视不足，仍然延续原有管理方式。其四，定位存在缺失，忽视特色小镇作为集聚人口、推进新型城镇化平台的要求。特色小镇建设的核心是人，部分地方围绕人的需要着力太轻，重硬件、轻软件，重引资、轻引人，公共服务供给不足，难以提供具有吸引力的生活落户条件。其五，用地粗放，有的地方出现过度房地产化的倾向，有的地方"四至范围"控制不严，向周边蔓延式发展，用地效率很低。特色小镇要发挥集聚人口的功能，需要根据就业和常住人口规模合理配置住宅和商业配套设施，但一些地方借用特色小镇的"帽子"，房地产开发比重过大，出现了"假小镇、真地产"的问题。其六，生态保护力度不够，产业落地带来环境隐患。一些地方在建设中出现挖山填湖、破坏山水田园景观、突破生态红线的现象。还有一些地方只注重城镇建设而忽视污水垃圾处理等配套环境设施的建设，与特色小镇的绿色化发展原则背道而驰。有的地方在产业引入时把关不严，让高污染、高耗能的产业变相进入小镇。

第三阶段，追本溯源、厘清内涵，将提升特色小镇建设质量作为核心导向。一是特色小镇建设进入规范化发展新阶段。针对前一阶段特色小镇建设中出现的问题和倾向，2017 年 12 月，国家发展和改革委员会等四部门发布《关于规范推进特色小镇和特色小城镇建设的若干意见》（以下简称《意见》），对特色小镇建设过程中存在的问题进行纠偏，这标志着特色小镇建设进入提质增效升级的新阶段。延续浙江省关于特色小镇的界定，《意见》指出，"特色小镇是在几平方公里土地上集聚特色产业、生产生活生态空间相融合、不同于行政建制镇和产业园区的创新创业平台"。特色小镇是拥有几十平方公里以上土地和一定人口经济规模、特色产业鲜明的行政建制镇，进一步厘清特色小镇的内涵和功能,避免把特色小镇当成筐,什么都往里装,避免给产业园区、旅游景区、体育基地、美丽乡村、田园综合体以及行政建制镇戴上特色小镇"帽子"。

二是以"五个坚持"作为未来一个时期特色小镇建设的核心指导原则。坚持创新探索,走新路,探索特色小镇作为新平台、新载体的新功能。坚持因地制宜,依据各地比较优势,遵循客观规律并保持战略耐心。坚持产业建镇,深入挖掘最有基础、最具潜力、最能成长的特色产业。坚持以人为本,落实以人民为中心的发展思想,让居民能安心工作、舒心生活,提高人民获得感和幸福感。坚持市场主导,坚定把政府引导、企业主体、市场化运作作为总体发展思路。

三是突出"四个严",为特色小镇发展划定底线和红线。严防政府债务风险,稳妥把握配套设施建设节奏,尽可能避免政府举债建设进而加重债务包袱。严控房地产化倾向,从严控制房地产开发,以吸纳就业和常住人口规模来合理确定住宅用地比例。严格节约集约用地,加强生态空间管控,优化空间布局,提升生态空间规模质量。落实最严格的耕地保护制度和最严格的节约用地制度,合理控制特色小镇四至范围,提高土地利用效率。严守生态保护红线,以环境承载力作为特色小镇发展规模上限,强化环境硬约束。把好产业准入关,完善产业退出机制,加强环境治理设施建设,推动绿色低碳循环发展,增强和提高优质生态产品供给能力。

(四)国外特色小镇发展历程

特色小镇不是无缘无故产生的,而是在特定的条件下,经过不断积累、沉淀和演变,慢慢形成今天我们看到的那些充满魅力的特色小镇。国外小镇主要兴起于城市化的大背景下,英美等发达国家在城市化进程中,遇到了人口过剩、环境污染等城市化挑战。根据政府和市场扮演的不同角色,国外小镇发展的路径可分为两种:第一种是以政府为主导力量,引领小城镇的规划建设。最典型的例子是英国在"二战"结束后发起的"新城运动"。英国政府分别于1946年、1965年和1981年颁布了《新城法案》,主要目的是通过对小城镇的开发建设,疏解伦敦、伯明翰、利物浦等大城市的过剩人口。第二种是在经济社会发展规律的支配下,小城镇因逐渐获得了企业或居民的青睐而兴起和壮大,政府只承担辅助支持作用。例如,美国许多小城镇的繁荣就是人口和企业的自然选择和聚集的结果。

　　欧美国家是以小镇为单元的国度，"特色小镇"是他们的主流生活场。初到欧美国家的人可能不会被纽约、伦敦、洛杉矶等大都市的繁华喧闹所震撼，给人印象深刻的往往是那些掩映于幽林树丛之间、坐落在旷野平原之上的一座座小镇。与大都市的灯火繁华、高楼林立相比，欧美国家的人更喜欢居住在小镇里，很多小镇都有几百年的历史传承，留下了一代又一代人的印迹，无论是建筑肌理、人文风情、商业形态还是生活习惯、传统工艺，都代表着一种文化传承和精神象征。这种历史和文化的传承以及人们的生活习惯是西方特色小镇形成的重要原因，因为这些国家天生就是由一个个小镇构成的。

　　从20世纪中期开始，以欧美为代表的发达国家大城市病凸显，堵车、污染和老城区犯罪率飙升，开始出现人口向郊区转移的趋势。美国曾出现"逆城市化"浪潮，大量人口从大都市中心地区向周边城镇扩散，一度出现城市空心化的现象。大都市周边的小城镇土地便宜、环境宜居、交通便利，成为推动人口外溢和居住郊区化的重要因素。在"逆城市化"过程中，很多企业把总部或部分核心功能搬迁至大都市周边的小城镇，通过企业或产业带动周边特色小镇的发展，同时也通过转移各种城市功能为不堪重负的大都市缓解矛盾。

　　除了大都市病的严重弊端之外，另外一个问题就是产业动力不足。特别是就业水平得不到有效提高，很多居民完全依靠国家的福利和补给。为了更好地推动就业，打造全新的、以小镇为单元的经济增长极，政府通过城市规划积极引导有基础的特色产业小镇的发展。在企业外迁或人口向郊区转移的过程中，政府意识到这对于周边小城镇是一次非常好的升级转型机会。因此，在政府政策扶持下，小城镇与当地特色产业或转移来的大企业进行有机融合，再通过各种鼓励措施吸引人才会集到小镇之中。最后，慢慢沉淀出了一批充满吸引力的特色小镇。

　　以达沃斯小镇的发展历程为例，直到1850年，达沃斯还是一个偏远、封闭、落后、贫穷、不为人知的小山村，转变发生于亚历山大·斯宾格勒的出现。他本是一位德国革命者，革命失败后来到瑞士避难。他于1853年来到几乎与世隔绝的达沃斯，成为一名乡村医生。亚历山大·斯宾格勒发现，当地人体格健壮，在陡峭的山路上健步如飞，更重要的是，这里没有一例肺结核患者。当时肺结核在欧洲肆虐，被认为是不治之症。亚历山大·斯宾格勒研究后发现，达沃斯海拔高且四面环山，空气干爽清新，对肺结核患者有特殊疗效。随着越来越多的肺结核患者在这里得到有效治疗，达沃斯逐渐成为欧洲各国肺结核患者心中的"圣地"。诺贝尔文学奖获得者德国作家托马斯·曼也慕名前来，以达沃斯的肺结核疗养院为创作背景，在1924年出版了小说《魔山》，使达沃斯声名远播。一个沉寂了几百年的小山村逐渐发展成一个富有活力的小城镇。后来人们发现，达沃斯冰雪覆盖期长，开展冰雪运动具有得天独厚的条件，这里便逐渐成为著名的高山滑雪胜地。此外，世界经济论坛创始人兼执行主席克劳斯·施瓦布教授让达沃斯成为国际会议中心。世界经济论坛年会具有的"明星效应"，使达沃斯闻名世界，而且带动了当地会议经济的发展。

自19世纪至今，达沃斯共经历了四个发展阶段。第一阶段——疗养天堂，达沃斯小镇最早是靠清新的空气出名的，疗养地、健康度假村、医院众多；第二阶段——高山滑雪胜地，欧洲最大的天然冰场在达沃斯建成，很多世界级选手在这里训练，每年这里的国际赛事不断；第三阶段——休闲旅游，小镇的发展根据需要改变着自己的面貌，成为阿尔卑斯地区旅游的先驱；第四阶段——"旅游＋会议议题"的综合性小镇，达沃斯承办了世界经济论坛（WEF）年会等众多会议。经历了不断的发展与完善，达沃斯形成了四大支柱型产业，即旅游业、医疗业、会议服务业和体育赛事，四大产业相互联系、相互促进。据悉，每年在达沃斯小镇举办的国际会议创造的收入对达沃斯GDP贡献度高达38%。2017年，仅世界经济论坛财务收入达到2.83亿瑞士法郎，此外，因为会议而带来的旅游人口超过230万人次。由达沃斯小镇的发展可以得到以下启示：一方面，达沃斯小镇的成功离不开其得天独厚的自然条件，如清新的空气、恢宏的山脉、连绵的峡谷、辽阔的牧场等。另一方面，独具魅力的人文生态为其发展保驾护航。在提供持续的优质服务、全方位细致的服务体系的同时，也要顺势而为，不断根据市场需求的变化，适时调整服务内容和小镇主旨定位。特色小镇是发达国家城市化进程发展到一定阶段的产物。19世纪60年代，工业化和城镇化的高速发展导致大城市人口过度集聚、拥堵不堪，但乡村却出现空心化，为分流大城市人口，发达国家启动小城镇建设。其中，英国、美国、日本三国启动特色小镇时，城镇化率达70%；韩国起步较晚，城镇化率为40%~50%。

二、内蒙古边境特色小城镇的作用

中蒙俄经济走廊是三国相依相邻地缘优势的产物，是三国发展战略的结晶。内蒙古地处祖国正北方，是面向俄蒙、通联欧洲的门户省份。内蒙古边境特色小城镇作为中国北部联通俄蒙的桥梁，是中蒙俄经济走廊的核心枢纽地区，在全方位对外开放中发挥着重要作用。

首先，内蒙古边境特色小城镇的口岸作用最为基础和重要。口岸作为国家指定对外往来的门户，建立起蒙俄资源、优势企业"引进来"的通道以及中国文化、企业"走出去"的平台，是内蒙古边境特色小城镇的经济，尤其是对外经济快速发展的最大优势。口岸优势使得其必将成为中蒙俄经济走廊社会资源、经济资源要素的核心区，有利于打造我国向北开发开放新格局。在内蒙古境内，中俄蒙三国 4261 公里的边境线上，从东北部的呼伦贝尔大草原到西北部的阿拉善沙漠，共有 18 个国家级口岸，内蒙古成为中国拥有口岸最多的省份，也是中国向北开放的重要门户。中国有西、中、东三条主要的中欧铁路运输通道，其中中通道由内蒙古二连浩特口岸出境，途经蒙古国，与俄罗斯西伯利亚铁路相连；东通道由内蒙古满洲里口岸出境，接入俄罗斯西伯利亚铁路，通达欧洲各国。2018 年，经由内蒙古这两个口岸迎来送往的中欧班列有 2853 列，同比增长 34.2%，中国与亚欧地区的经贸合作进一步扩大。从环渤海、长三角、珠三角地区出发的班列满载各类商品直达欧洲，使拥有得天独厚区位优势的内蒙古，似乎只为中欧班列提供了一个过路通道，如何更好地发挥口岸的作用是当前边境城市需要重点考虑的问题之一。

其次，跨境桥梁与纽带作用。《建设中蒙俄经济走廊规划纲要》提出，"加强教育和科研机构间交流合作""着力打造文化交流品牌，拓展直接创作联系，深入开展戏剧、音乐和杂技、电影、民间创作、文化遗产保护、图书馆事务和文化领域人才培养等方面的交流合作"。这些是发展跨境民族文化交流合作的重要指导思想。为了更好地呼应"一带一路"倡议、构建中蒙俄经济走廊的政策，边境特色小城镇作为对外开放的通道，要充分发挥向北开放的桥梁和纽带作用。俄罗斯族和蒙古族是我们的少数民族，却分别是俄罗斯和蒙古国的主体民族，由于民族语言和文化相通，有着共同的喜好、共同的生活习俗、共同的话题，往往一见如故。近几年，中蒙俄三家正进一步加强文化交流，通过多形式、多内容的交流活动，群体间相处和睦、融洽，又因为共同的民族情感而相互信任、相互支持，因而能够在一定程度上促进三个国家的群体间友好、稳定、和平、共同发展，从而进一步深化中蒙俄文化交流合作。当今，文化对经济发展的推动、引导和支撑作用已越来越明显。在中蒙俄经济走廊建设中，以丰厚的民族文化为基础，能够更好地拓展三国间的人文交流合作空间。民心相通是"一带一路"建设和中蒙俄经济走廊建设的人文基础。国之交在于民相亲,民相亲在于心相通。跨境民族基于共同的民族文化,有着紧密的联系。

最后,政策引导作用。特色小城镇发展热情高涨,建设不断提速,在2020年全国将建成1000个特色小城镇的总体目标背景下,2016~2017年,住房和城乡建设部、发展改革委以及财政部先后认定了第一批127个和第二批276个特色小城镇,并将以每年接近200个的速度增加。中央高度重视特色小镇,分别从土地、财税、金融三个方面在经济上大力支持特色小镇发展,从2016年开始将特色小镇创建列为农村重点工作之一,各部委、地方政府也陆续出台相应政策,支持特色小镇创建工作,特色小镇进入了国家层面推广的新阶段。国家极其重视边境地区建设、稳定与发展,并为其制定了一系列的政策措施,利用其地理位置优势的便利发展边境贸易,带动三国交流合作,辐射并协调内蒙古边境特色小城镇及其周边地区的发展。

边境特色小城镇现状及类型界定

一、二连浩特市发展现状及类型界定

（一）发展现状

1. 城市概况

二连浩特市地处内蒙古中北部，与蒙古国扎门乌德市隔界相望，两市之间的距离大约为 9 公里。二连浩特市面积为 4015 平方公里，城市建成区面积仅为 27 平方公里，2010 年第六次全国人口普查数据显示，二连浩特市常住人口为 74179 人，同 2000 年第五次全国人口普查的 47025 人相比，增加了 27154 人，增长 57.74%，年平均增长率为 4.66%。2017 年底统计人口为 77224 人，人口密度为 19.23 人 / 平方公里，可以说是地广人稀。有两条通道经过二连浩特，一个是"一带一路"专用通道，另一个是中欧班列"中通道"。这两条通道是二连浩特联通亚欧、与世界接轨的"动脉"，也是"一带一路"建设的"黄金桥头堡"，以及向北开放、向纵深发展的经济走廊。

二连浩特市地势平坦，由西南向东北倾斜，平均海拔为 932.2 米。受蒙古高气压影响，二连浩特市属于温带大陆性季风气候和干旱荒漠草原气候。春季降雨较少，气候干燥，夏季短暂炎热，秋季天高气爽，冬季漫长寒冷。年平均气温大约为 3.4℃，年均降水量约为 142.2 毫米，无霜期为 90~120 天。二连浩特市有大量的油气田，年产量达 5 万吨。1986 年，在二连浩特市发现了储量为 3500~4000 吨的苏崩铀矿床。1992 年，在二连浩特市发现了努和廷大型铀矿，储量约 20000 吨。现有哈达呼苏萤石矿和白音敖包萤石矿两个萤石矿，位于市区西南 13 公里处，矿石品质优良，开采条件良好，储存量高达 514.8 吨。二连浩特市盐湖可采面积为 10 平方公里，盐矿纯度高，易开采。芒硝矿资源储量为 36.7 万吨，硫酸钠含量达 31.36%，能够进行多种生产活动。2005 年，二连浩特市引入多家企业，展开矿产资源风险勘查，勘查额仁淖尔、齐哈日格图、格日勒敖都以及准宝力格四个煤炭资源预测区，预测到煤炭资源总产量为 17.6 亿吨，欲获资源量达 12.6 亿吨。风能和光能资源十分丰富。土壤类型有土类、亚类和土层，主要有棕钙土，呈现为地带性分布，盐土呈非地带隐性分布，风沙土呈非地带性分布。

二连浩特市以改善生态和人居环境、提升城市形象和品位为目标，按照"增绿量、上水平、出精品"的原则，在种植方式、树种选择、浇灌技术等方面探索实践，摸索出了适宜生长的以抗寒抗旱植物为主的绿化树种，如榆树、沙枣、柽柳、柠条、暴马丁香等，再配以糖槭、山桃、山杏、樟子松、丁香、刺玫、蒙古柚等，逐步形成了"四横三纵、多点散布"的城市绿地系统。先后荣获了全国生态文明先进市、中国十佳绿色发展城市、内蒙古自治区园林城市等荣誉称号。

水资源严重匮乏成为制约二连浩特市园林绿化发展的最大"瓶颈"，为了解决这一难题，二连浩特市不断拓展绿化可用水资源和节水灌溉。近年来，先后投资近 1 亿元建设了城市污水处理系统，日处理污水能力 1.5 万吨，铺设污水收集管线 163 公里，污水集中处理率达 100%，回用率达 90%。投资 4600 万元建设再生水处理工程，日处理能力 1.2 万吨，处理后水质可达国家一级 A 标准，可直接用于渗灌、滴灌，占城市绿化用水的 83%。投资 4000 万元建设绿化分质供水工程，每日为绿化管网增加可用水 4000 立方米，投资 3000 多万元实施渗灌、滴灌、喷灌等工程，城市公园、广场、主要街道、重要节点绿化等全部实现节水灌溉，累计建成中水回用管线 112 公里，建成滴灌管网 362 公里，形成了与城市居民用水完全分开的中水灌溉系统，彻底解决了绿化与居民争水的问题。

在坚持适地适树原则的同时，二连浩特还在培育本土树种、培养绿化人才上下功夫。建成面积 20 公顷的绿化苗圃，培育适宜本土生长的树种 25 种，作为城市绿化苗木的重要来源。建成了面积 5000 平方米的育苗大棚，年培育花卉 60 多万株，夏季全部用于摆放花坛美化城市。重点培养花卉培育、引种驯化、病虫害防治、后期养护管理等专业技术人才，建立自己的"土专家"队伍，提升自主开展园林设计、育种驯化、工程管理、苗木修剪等方面的能力，保证城市园林绿化建设的长期性和适宜性。

二连浩特市共投入资金 13 亿元用于园林绿化和景观建设，完成了城市内外的绿化升级改造。目前，市区绿化覆盖面积达到 1138 万平方米，绿化覆盖率达 42.14%，公园广场绿地 287 万平方米，居住区与单位附属绿地 50 万平方米，防护林绿地 500 万平方米，生产绿地 66 万平方米，道路绿地 376 万平方米，市民出行 500 米左右就可以到达公园、广场和休闲绿地进行健身娱乐，实现了园林绿化从无到有、从少到多、从粗到精的蜕变。

在亚洲地区，发掘恐龙和恐龙蛋化石的地域有很多，二连浩特市是其中一个。二连浩特市是世界最大的白垩纪恐龙化石埋藏地，拥有 134 平方公里的国家级地质公园。1893 年，地质学家奥勃鲁契夫来到二连浩特市，首次发现了恐龙化石。1922~1931 年，美国纽约自然博物馆成立的"中亚考察团"来到二连浩特市进行考察发掘，第一次发现了恐龙蛋化石，打开了二连浩特市恐龙动物群研究的大门，进入到一个新的研究天地。近 100 年以来，先后有众多国家的古生物学家来二连浩特进行科学考察，发现了大量的恐龙化石，获得了重要的研究成果。二连浩特市的恐龙化石生物群是晚白垩纪恐龙生物群的典型代表，恐龙化石种类多、分布广、保存完好。1893 年至今，陆续发现恐龙化石十余属种，主要有蜥脚类、兽脚类、鸟脚类等。影响最为深远的发现是 2005 年在二连浩特发现了长度接近 8 米、高度为 5.5 米的世界上最大窃蛋龙类恐龙化石新属种，对中国古生物学界研究鸟类起源做出了巨大的贡献，被美国《时代周刊》评选为 2007 年度自然科学领域"十大科学发现"之一。这一化石也因此被命名为"二连巨盗龙"。2008 年，世界吉尼斯纪录将二连巨盗龙认证为"世界上已知最大的窃蛋龙类化石"。2009 年，二连恐龙化石埋藏地被评为国家 4A 级地质公园。

2. 基础设施

二连浩特市拥有优越的交通条件和良好的基础设施，在科技、教育、文化、卫生、广播电视、通信、环保等方面设施齐全。以二连浩特市为终点的集二线铁路与集通、京包及包兰铁路相连接，可连接东北、华北、西北地区。公路运输四通八达，经 208 国道往集宁、呼和浩特、北京，由蒙古国千禧公路通向乌兰巴托。二连浩特市的赛乌素机场目前已经投入使用。二连浩特市区拥有一座 110 千瓦的变电站，供电能力达 16000 千伏安，电力资源充足，是全国唯一向国外输电的创汇地区。二连浩特市区日供水量为 2 万吨。有 8 家星级酒店，有总面积为 30 万平方米的 5 个大型专业市场。集中供热面积已达 30 万平方米。二连浩特市区主要街道八横六纵、宽阔通畅，城市建设的特点为精美小巧、别具风格。

近年来，二连浩特加大城市建设力度，逐年完善口岸基础设施建设，投资近 2 亿元用于农牧区住房、水、电、路等基础设施改造。累计新增商业房面积 48 万平方米，新增住宅房面积 92 万平方米，棚户区总投资 4.8 万元，改造 1374 户，拆迁面积约 15 万平方米，实物安置 270 户，共建设廉租住房 33154.8 平方米，居民人均住房面积达 45 平方米。2003 年，辖区面积扩大到 4015 平方公里，历经 7 次城市规划修编，城市建成区面积扩大到 27 平方公里。2016 年，投资近 2000 多万元，对地下排水管网设施多年老化、排水不畅、跑冒渗漏严重的街道进行管网新建，建设总长度 4020 米。投资 480 万元对部分地段巷道实施硬化改造，改造面积 53824 平方米；投资 4726 万元对 5 条道路两侧人行道铺装改造，铺装总面积约 148417 平方米；投资 6674 万元对 8 条街道采用热再生技术进行道路罩面，道路总长 27476 米，面积 29.9 万平方米；投资 1380 万元对 16 个小区楼体进行外墙保温及窗户、楼顶节能改造；投资 1100 万元对 33 个小区排水管线、供热管线、道路、公共设施进行改造。2018 年，投资 3.2 亿元集中开展市容市貌、市场秩序等"六大攻坚"专项整治，建成可回收资源中心，实现市区内无废品收购摊点，完成 21 个老旧小区综合改造、6 个小区既有建筑节能改造，全年完成 150 套棚改任务，城市宜居环境逐年改善。

二连浩特市把保障和改善民生作为一切工作的出发点和落脚点，加大民生投入力度，城乡居民收入水平持续提高，生活质量明显改善。2018 年人均可支配收入达 43750 元，比上年增加 1964 元，同比增长 4.7%。社会保障覆盖面不断扩大，全市城镇基本养老保险、基本医疗保险和失业保险覆盖率分别达到 75%、96.5% 和 78.11%。城乡居民养老保险参保人数 5594 人，完成任务数的 100%。居民基本医疗保险参保人数 19087 人，城乡居民基本养老金标准 773 元，最低生活保障标准 750 元，均居内蒙古领先水平。2018 年投入 13.9 亿元用于民生和社会事业发展，全面落实"大众创业、万众创新"，推动"一园两基地"创业带动就业，落实创业发展资金政策，城镇新增就业 819 人，城镇登记失业率控制在 2.4% 以内，并呈逐年递减趋势，保持在内蒙古最低水平。

3. 经济发展状况

建城初期，二连浩特口岸贸易几乎为零，历经了从手语到口语、从易货到现汇、从马路市场到贸易商城的蜕变，口岸贸易发生了飞跃式的发展。年均出入境人数 244.1 万人次，进出口贸易量 1656 万吨，进出口贸易额 237 亿元，中欧班列年验放 1052 列，年度旅游人数 225.5 万人次，年度旅游收入 53.1

亿元。这组数据见证着二连浩特口岸经济高质量发展的改革历程。

2018年，二连浩特市紧扣口岸经济高质量发展主题，全力将区位优势转化为开发开放优势和产业发展优势，口岸经济和社会事业实现了持续健康发展。全年完成地区生产总值增长4%，一般公共预算收入增长10%，社会消费品零售总额增长7%，全体居民人均可支配收入增长4.7%。从促成中蒙两国部委签署《关于加快推进中蒙跨境经济合作区建设双边政府间协议谈判进程的谅解备忘录》，到跨境区核心区综合管廊、道路和合储物流中心厂房开工建设；从边合区基础设施建设项目启动实施，到中小企业创业园完成"三通一平"。2018年，二连浩特边民互市贸易区商品交易额达到1.8亿元，增长230%。

国际贸易物流业稳步发展。贸易主体日益壮大，外贸企业累计达1398家，境外投资企业20家。二连浩特市被内蒙古自治区认定为外贸转型升级基地，列为陆上边境口岸型国家物流枢纽承载城市。中欧班列全年验放1052列，增长83%。口岸过货量和贸易额分别达到1656万吨、238亿元，分别增长10.2%、14.9%；出入境人数达到244.1万人次，增长9.3%。

产业融合发展稳步前进。一是农牧业生产稳中求进。农业企业利益联结机制得到进一步完善，农牧业的生产经营方式得到更深一步的优化，已培育扶持家庭牧场21户，农牧民专业合作组织62家。二是工业经济坚实深入推进。进一步加强实施园区振兴战略，强化规划引领，编制《二连浩特边境经济合作区（欧亚国际物流园）产业布局规划及重点区块控制性详细规划》，启动实施边境经济合作区基础设施及中小企业创业园PPP项目，园区服务功能进一步完善，入区企业85户，已初步形成进口矿产品加工、木材加工、畜产品加工、建材加工和国际物流为主导的五大产业集群。远东木材交易中心入驻企业16家，东新粮油进口加工、明雨伟业梳绒加工等项目建成，连吉祥磊铁矿石加工、钧玮矿业铁精粉加工项目基本完工，工业生产加工能力有所提升。清洁能源和大数据产业发展取得新进展，可再生能源微电网示范项目中9万千瓦光伏发电项目已完成临建和设备采购，28万千瓦风电项目完成核准，全年风光发电达7.8亿千瓦时，同比增长3.7%。三是服务业活力逐步释放。全社会消费品零售总额实现38.6亿元，同比增长7%。成功举办第十届"中蒙俄经贸合作洽谈会"，参展企业数、企业代表数、参展商品数、协议资金数创十年以来新高。以建设国家全域旅游示范区、中蒙跨境旅游合作区、边境旅游实验区为切入点和突破口，加大旅游综合改革、基础设施建设、宣传营销力度，"中国·二连"地域名片效应凸显，全年接待国内外游客达 225.5 万人，同比增长 5.7%，旅游收入实现 53.1 亿元，同比增长 8.6%。

二连浩特市认真贯彻落实习近平总书记提出的亲、诚、惠、容理念，按照国家"一带一路"建设和打造中蒙俄经济走廊的总体部署，践行"与邻为善、以邻为伴"的总体要求，加强对外交流、合作，加快口岸经济发展。先后投资 20 多亿元，建成公路口岸货运通道和旅检通道、铁路 H986 货运列车查验系统、口岸电子信息平台和世界最大的换轮库，完成二连浩特至扎门乌德铁路联络线、粮食站场改造等工程。政务服务"一站两平台"建成投用，率先在全区实现政务服务"一张网"。公共资源交易平台、社会信用信息平台建成投用，工商登记实现"三十二证合一"。成功实现中蒙海关载货清单数据电子化传输，开通中蒙公路口岸农产品绿色通道，国际贸易"单一窗口"企业应用率达到 100%。公路货运通道智能卡口试运行，口岸通关时间压缩 1/3。口岸服务功能不断完善，口岸贸易蒸蒸日上。1992~2018 年，二连浩特市地区生产总值增长 79 倍，财政总收入增长 125 倍，社会消费品零售总额增长 155 倍。2018 年，年均出入境人数 244.1 万人次，进出口贸易量 1656 万吨，进出口贸易额 237 亿元。对中欧班列提供 365 天 24 小时全天候通关服务，2019 年经二连浩特口岸运行线路扩展到 33 条，涉及 23 个省（市），年验放 1052 列。2019 年 6 月，《二连浩特—扎门乌德经济合作区建设协议》正式签署，为二连浩特口岸发展注入新的活力。

4. 人文交往日益密切

中蒙两国具有深厚的历史渊源，具备人文交往的共同思想和文化基础。中蒙两国建交后，一直非常重视人文领域的交流和交往，每年都相互派送留学生，传播民族文化，同时多个地区和城市的文艺演出团经常赴外演出交流，为中蒙两国关系注入了人文情怀。内蒙古作为与蒙古国毗邻的重要省区，是蒙古国与我国来往最为密切的省区，每年在文化、教育等领域的合作非常之多。近年来，二连浩特市不断深化与蒙俄路桥沿线地区的交流合作，先后与蒙古国多个城市和地区结为友好城市关系，每年定期开展大型文体交流活动，创立了"茶叶之路"中蒙俄特色文化品牌。积极与蒙古国开展联合办学活动，互派留学生，累计培养蒙古留学生 3000 多人，目前仍有 300 名蒙古国学生在二连浩特市就读。连续 7 年举办中蒙俄经贸洽谈会，吸引蒙古国高层和企业代表来二连浩特市访问和发展。在二连浩特市长期定居的蒙古国人有 600 多名。医疗领域的合作也非常密切，二连浩特

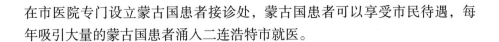

在市医院专门设立蒙古国患者接诊处，蒙古国患者可以享受市民待遇，每年吸引大量的蒙古国患者涌入二连浩特市就医。

（二）存在问题

1. 基础设施建设比较落后，物流业发展明显滞后

当前，我国致力于打造全方位开放的战略格局，但是二连浩特市的口岸设置不能与之相适应，呈现不均衡状态。目前，口岸基础设施滞后，如道路、铁路、口岸设施建设已不能适应高速增长的经济贸易发展水平。目前，虽然二连浩特口岸的货物换装能力已经达到了1000多万吨，但是随着口岸贸易的快速发展，进出境货物日益增长，致使口岸铁路运输线路拥挤、车皮短缺等矛盾日益突出，落地货物二次起运时的运力受到极大限制，一些货物积压时间长，直接影响到客户的履约信誉和企业利润，严重制约了对外贸易的发展。同时，物流发展也不适应对外贸易发展的新形势，如正规的物流业企业数量不多、缺乏现代化的大型仓储设施、相关人员服务意识较差。市场监督体制不够完善，一些承运方不按合同运货、运输被延误、货物出现不应有的损失、出现责任事故无法得到赔偿等现象时有发生，这些都阻碍了物流业的较快发展。

2. 口岸经济产业结构不合理

目前，二连浩特口岸经济产业结构以第三产业为主，第三产业在二连浩特市国民经济中的占比是相当大的，超过80%。这种以第三产业为主的结构构成原因并不是经济发展达到了一定的程度，而是口岸的特殊地理位置决定的，因为口岸的工业、农业极不发达，所以出现不是在第一产业和第二产业支持基础上的第三产业发达的特殊结构现象。这种特殊的以第三产业为主导的产业结构极不稳定，容易受到外部环境条件变化的影响，例如国际关系、政策调整、市场变化、消费观念转变等。

3. 金融服务滞后，企业融资渠道单一且融资困难

二连浩特市及其所辖旗镇均没有开办外汇业务的银行机构。口岸所在盟市的商业银行均没有与俄罗斯、蒙古国的商业银行建立人民币结算关系，这些问题的产生有其客观发展背景和现实情况，但是如不尽快得到解决必然影响口岸的经济贸易发展。由于企业自身实力不足，难以筹措资金扩大

进出口贸易规模，导致企业难以实现集约化生产经营。至今，口岸尚未走出以中介性贸易为主的低层次贸易形式的老路，仍当"二转手"，没有建立起专属于自己的进出口商品加工业基地。虽然二连浩特口岸加工业发展迈出了相当大的步伐，但产业结构调整步伐缓慢，加工贸易贡献不大，已经建成的"边境经济合作区"和"互市贸易区"经济效率及收益没有达到理想水平。

4. 边境贸易出口额占二连浩特市口岸出口贸易额比重低，旅游贸易出口额有所下降

据分析，边境小额贸易出口数额小，与出口贸易额的增速 45.79% 相比，差距较大，边境贸易出口贸易额占口岸出口贸易额的比重仅为 10.4%。旅游贸易出口额近几年大幅度下降。旅贸出口下降主要是由于企业申报旅游贸易出口经费不足，出口统计工作滞后。数据显示，边贸出口占口岸出口贸易额的比重低。企业规模小，开拓市场的能力不足。企业没有形成集约化经营，加工业对口岸经济发展的贡献不大。"互市贸易区"和"国际经济合作区"功能单一。目前该地区的进出口企业普遍是中小企业，经营规模小，各类专业人才匮乏，企业在经营、管理决策上受到限制。

（三）二连浩特市建设特色小城镇的 SWOT 分析

1. 优势

（1）区位优势。二连浩特口岸是日、韩以及东南亚各国对俄罗斯和蒙古国转口贸易的理想通道，是蒙古国迈向出海口（天津港）的必经口岸，是我国对蒙古国开放的最大口岸，也是最便捷的欧亚大陆桥。二连浩特铁路南北贯通，是北京—乌兰巴托—莫斯科国际铁路联运的重要枢纽，以北京为起点，经二连浩特到莫斯科，比走滨州线近 1140 公里。公路四通八达，有国家"五纵七横"之一的二广高速公路，3~6 小时可达内蒙古自治区首府呼和浩特、钢铁重镇包头、交通要道张家口、首都北京。二连浩特口岸是中国通往蒙古的唯一铁路口岸，也是国家批准的全国 13 个沿边开放的城市之一。二连浩特市面向俄罗斯、蒙古国及欧洲等国际市场，背靠呼包鄂经济带和京津唐、环渤海经济圈，是中国向北开放的前沿阵地，也是中国重要的商品集散地。

（2）政策优势。二连浩特市享受国家沿边开放、西部大开发、振兴东

北工业基地、兴边富民等多项优惠政策，政策叠加优势凸显。1992 年，国务院将二连浩特确定为全国 13 个沿边开放城市之一。2014 年，国务院正式批准设立二连浩特为全国第四个国家重点开发开放试验区，承载着"先行先试，开发开放"的重要使命，这两个国家级的定位，为二连浩特打开了对外经贸合作的窗口，从此，二连浩特翻开了中蒙经贸合作的新篇章。在口岸通关、产业发展、财税、金融、基础设施、土地、公共设施、人才及其他九个方面保持了先行先试的优惠政策。

（3）资源优势。一是矿产资源丰富。二连浩特市区面积较小，萤石矿主要为位于市区西南 13 公里处的白音敖包萤石矿和哈达呼苏萤石矿，储量约 514.8 万吨，矿石质地优良，开采条件较好。近年来政府大力开发石油产业，市区西南的吉格森掉、包尔悼为华北石油二连油田的采油区，年产量 50000 吨。二是旅游资源丰富。二连浩特地处中蒙两国边界地带，有辽阔的草原风光、游牧民族的独特风情，还有悠久的恐龙化石。二连浩特市有独具特色的自然、人文旅游资源，旅游业具有广阔的发展前景。旅游业已成为二连浩特城市经济发展的主导产业之一，其中市内主要旅游资源包括：①国门旅游景区。每年前往参观国门的游客达万余人次，也是目前内蒙古重要的爱国主义教育基地。该景区内主要参观点由国门、界碑、公路口岸联检区三个景点组成。②恐龙地质公园景区。距二连浩特市东北 9 公里的二连盆地埋藏着丰富的古生物化石，埋藏着大批白垩纪恐龙化石，是亚洲最早发现恐龙化石的地区之一，也是最早发现恐龙蛋化石的地区，在中国及世界恐龙研究史上占有重要地位。二连盆地白垩纪地质公园已列入国家级地质公园，总建筑面积 2.8 万平方米，总投资 1.9 亿元，2011 年建成投入使用，由恐龙博物馆、恐龙景观大道组成，成为我国首批国土资源科普基地之一，被评为 4A 级旅游景区。③策格民俗文化风情园。策格民俗文化风情园距离二连浩特市区 32 公里，是内蒙古赛马训练基地。园区内有设施完备的综合服务接待中心、赛马场、蒙古包、马棚等，是二连浩特市唯一一家冬季也可接待游客的度假村。④伊林驿站博物馆。投资 2000 万元新建的伊林驿站博物馆，是内蒙古首个驿站博物馆，此类主要展示驿站文化的博物馆在全国也为数不多。周边旅游资源包括扎门乌德。主要景点有中西合璧建筑风格的车站大楼、欧式风格的站前广场、苏和巴托纪念碑、政府办公楼、小木楼、蒙古包群、百货商店等。距市区 3 公里处有一处度假村，在此可骑马、狩猎、观看篝火晚会，可充分领略到蒙古民俗和歌舞文化等。蒙古国正在建设扎门乌德自由经济区，位于扎门乌德市西南 1 公里处，占地 9 平方公里,主要功能是旅游娱乐、加工制造和金融商贸服务,管委会主任由总理直接任命。

2. 劣势

(1)缺乏专业人才。目前,二连浩特市不断加强境外直接投资,这种投资是一种管理密集型的投资。民营企业生产经营规模普遍较小,进行境外投资时间普遍较短,十分缺乏跨国经营的专业人才,尤其缺乏熟悉国际市场运作和投资环境,以及掌握金融规避风险工具的复合型专业人才。二连浩特的人才培养环境对广大优秀人才的吸引力十分有限,大量的专业人士更愿意聚集在东部发达地区,导致聘用人员流动性大,造成境外投资管理不稳定因素增加。

(2)市场信息的共享度较低。由于国内外在政治、经济以及文化环境方面存在很大差异,境外投资的公共信息服务尚未完善,缺乏获取国际市场信息的规范、快捷、有效途径。

(3)缺少完善的风险评估机制。二连浩特市信息化程度较低,专业的境外投资保险、风险评估与咨询、企业发展规划等领域比较滞后。因此,企业境外投资区域、项目的选择还存在诸多盲目性,整体风险评估机制存在缺位现象,参与境外投资保险意识不强。

(4)通道不畅严重制约发展。物流与通道是毗邻国家经贸发展的关键因素,近年来,中蒙双方高度重视通道建设,重点推动了一批互联、互通基础设施建设项目,有效缓解了中蒙双方通道不畅的问题。但近几年来,二连浩特口岸进出口需求增长很快,而由于前后方交通运输不畅,部分进出口商品在二连浩特口岸长期积压,不仅影响企业资金回笼,而且制约着口岸贸易的发展。据预测,到 2020 年,二连浩特口岸吞吐能力将达到 3000 万吨,2025 年将达到 5000 万吨以上,二连浩特与扎门乌德中蒙跨境经济合作区运营后,以目前的通道承载力,远远不能满足发展的需要。就境内而言,二连浩特铁路车站到发线、调车线等基础设施与蒙方不匹配,造成蒙方车皮到达后需进行解组重编,然后才能进入二连浩特站换轮,极大地影响了口岸通关效率。二连浩特口岸只有两条铁路,其中锡二线于 2016 年底才修通,还未完全发挥作用,另一条是集二线,目前还是非电气化的单轨线路,运输能力非常有限,而且已接近饱和状态。二连浩特没有高速公路,去往锡林浩特、呼和浩特等方向仍然要走省道,严重制约着从蒙方进口来的商品、货物的外运;二连浩特—乌兰巴托的航线为临时航线,每年都要到民航局审批，各类手续烦琐，不易集聚人气。就境外而言，穿越蒙古国全境直达二连的铁路虽是干线，但标准低，全部是单线运行，加上牵引机车和车皮数量明显不足，运输能力差。横贯蒙古国南北的"千禧公路"历时十余年刚刚修通，但只相当于我国三级公路标准，不具备大宗物资运输能力。可以说，公路、铁路、航空立体式交通格局还未形成，如果交通瓶颈制约得不到破解，将严重影响二连浩特—扎门乌德中蒙跨境经济合作区的建设，甚至影响内蒙古向北开放的步伐。

3. 机遇

"十三五"时期，我国仍处于大有作为的重要战略机遇期。一方面，世界政治经济形势总体上有利于维护世界和平与发展大局，世界多极化、经济全球化、文化多样化、社会信息化深入发展，世界经济在深度调整中曲折复苏，全球治理体系深刻变革，发展中国家群体力量继续增强，国际力量对比逐步趋向平衡，我国发展具有相对稳定的外部环境。另一方面，我国经济长期向好的基本面没有改变，经济发展方式加快转变，经济结构不断优化，发展动力持续转换，改革开放释放出新的发展活力，良好的发展态势将继续保持，决定了我国发展战略机遇期的现实性和必然性。我国发展的战略机遇期为二连浩特"十三五"经济社会发展带来了诸多现实机遇：

（1）中蒙俄经济走廊建设稳步推进。随着中俄全面战略协作伙伴关系、中蒙全面战略伙伴关系不断深化，中俄、中蒙关系进入历史最好时期。作为"一带一路"的重要组成部分，中蒙俄经济走廊建设得到蒙古国、俄罗斯的积极响应，中蒙俄三国区域合作将更加紧密，有利于二连浩特发挥口岸通道优势，大力发展外向型经济，打造中蒙俄经济走廊的重要支点。

（2）国家区域发展战略深入实施。国家继续实施西部大开发、振兴东北老工业基地战略和兴边富民行动计划，积极推进京津冀协同发展，加快建设环渤海经济圈和呼包银榆经济区，有利于二连浩特深化国内区域合作，为进一步扩大开发开放提供多极支撑。国家加大对重点开发开放试验区、沿边国家级口岸、边境城市、边境经济合作区和跨境经济合作区等沿边重点地区开发开放的支持力度，有利于二连浩特充分发挥开发开放的政策优势，加快建设沿边地区重要经济增长极。

（3）国家宏观调控政策红利逐步释放。国家将以灵活有效的宏观调控创新举措应对经济波动，保持经济中高速增长。紧扣调结构、转方式，实施创新驱动发展战略，推动大众创业、万众创新，在供给侧和需求侧两端发力促进产业迈向中高端。在不断增加收入的基础上调整收入分配机制，促进社会公平。通过实实在在的重大改革举措破除阻碍发展、妨碍公平的弊端，以不断释放改革红利增进发展效能。这将为二连浩特提供稳定的宏观经济环境，改善经济社会发展中的薄弱环节，增强发展的活力和动力。

（4）内蒙古向北开放战略活力显现。内蒙古确定了建成"我国向北开放的桥头堡和充满活力的沿边经济带"的目标，参与建设丝绸之路经济带方案获国家批复，进一步加大对沿边口岸的支持力度，有利于二连浩特充分发挥自身区位优势，在内蒙古对外开放大局中做出更大贡献。

（5）自身发展基础进一步夯实。经过"十二五"时期的发展，二连浩特经济总量不断扩大，提前五年实现地区生产总值比 2010 年翻一番的奋斗目标。事关长远发展的铁路、公路、能源外送通道、跨流域调水等重大基础设施项目已进入国家和内蒙古相关规划，长期制约二连浩特发展的瓶颈将有效破除。在对蒙贸易中始终处于"龙头"地位，对蒙货运量占中蒙货运总量的 30% 以上，对蒙贸易额占到中蒙贸易总额的 60% 以上，出口的机电产品占蒙古国市场份额的 50% 以上，水泥、钢材等建材产品和果蔬粮油等日用品约占蒙古国市场份额的 80%，成为蒙古国跨境消费、接受境外教育和医疗救助的首选地，二连浩特对欧亚陆桥沿线地区的影响力进一步提升。

4. 挑战

世界经济仍处在国际金融危机后的深度调整期，经济增长格局变化趋势不确定性增强，经济持续低速增长的可能性加大。全球投资和贸易规则正发生新变化，全球总需求不振，我国产品出口竞争更加激烈。特别是与二连浩特毗邻的蒙俄两国经济发展减速，吸引外资能力下降，货币贬值严重，大宗资源性商品价格大幅下跌，二连浩特面临的开放发展环境将更加严峻。随着我国经济进入新常态，经济增长放缓，部分传统产业产能过剩的局面难以在短时间内改善，对进口大宗产品需求减弱，对以口岸过货为基础的沿边经济发展形成巨大压力。

（四）类型界定

二连浩特市发展传统产业、加工工业及加工装配业，侧重于劳动密集型产业，基本上形成了较为清晰的工业部门，并与大中城市企业联系密切，因此主要属于产业园区型特色小城镇。

二连浩特在参与"中蒙俄经济走廊"建设中拥有重要的地位，是中蒙俄区域经济发展的重要连接点。二连浩特地处我国的正北方，同蒙古扎门乌德市隔界相望，有着我国对蒙开放的最大陆路口岸，是"一带一路"发展规划中的重要建设地带，也是国家重点开发开放试验区。全市共建有物流园8个，面积达到254万平方米。建有国家级边境经济合作区一个，正在加快推进欧亚国际物流园、边民互市贸易区、跨境经济合作区、扎门乌德境外中蒙经贸合作区等产业园区建设。2016年，内蒙古规划建成了集仓储、物流、加工、保税于一体的现代化粮油贸易园区。粮油贸易园区确定了以农业产品"保税、仓储、加工、贸易、园中园"为主营业务的产业集群定位，实现了境外农业种植、产品回购、跨境运输、口岸接卸、粮油加工（境内或境外）、仓储物流等全产业链全面发展，具备装卸、仓储、加工、包装、运输、结算等多种功能。二连浩特市从事加工行业的主体有165户，主要行业为木材加工、矿产品加工、农畜产品加工、建材加工、新能源及其他，用工2228人。2017年，全部工业总产值为22.08亿元。2018年，规模以上工业企业实现产值6.29亿元。2019年1~9月，规模以上工业企业实现产值4.25亿元。重点行业如铁矿石、木材、粮油加工、绒毛加工、肉类加工、风光发电都建立了专门的产业园区，进行配套加工和生产。

二连浩特面向蒙俄及东欧等国际市场，背靠环渤海经济圈和呼包银榆经济区，拥有丰富的进出口资源，独特的地缘优势为中外客商开展经济活动提供了良好的平台。二连浩特市加快推进新旧动能转换，通过优化工作机制，创新发展平台，强化特色服务，聚焦培育壮大国际贸易物流、进出口加工、边境特色文化旅游、清洁能源四大优势特色产业，全力推动口岸经济社会高质量发展。由此我们可以看出二连浩特符合产业园区型特色小城镇的特征。

二连浩特市具有历史文化型特色小城镇和旅游型特色小城镇的特征。历史文化型特色小城镇的特征为：小城镇利用有底蕴的文化来带动相关产业的发展；文化内涵突出，主旨鲜明；规划不仅从人的需求出发，更注重尊重文化的原真性，保护完整的历史遗存，延续历史文化文脉，留住文化记忆。旅游型特色小城镇的特征为：有些多奇山异水、秀丽的风景，有些拥有悠久的历史、名胜古迹多，有些紧邻大城市，有着和城市截然不同的田园风光，这些小城镇在旅游的热潮中，被开发形成独具特色的旅游型特色小城镇。

二连浩特市借茶叶之路兴特色文化，牵手茶叶之路沿线的福建、河北等地以及蒙古国、俄罗斯等国，以茶路文化为背景，举办中蒙俄茶叶之路文化节系列活动，打造新时代茶叶之路特色文化品牌。二连浩特市是亚洲发现恐龙及恐龙蛋化石最早的地区之一，是世界最大的白垩纪恐龙化石埋藏地，有着 134 平方公里国家级地质公园。二连浩特市建设有关恐龙的景观大道，全面打造恐龙文化品牌、注重弘扬恐龙文化、发展恐龙特色旅游业。

二连浩特围绕"中华北门、茶叶之路、千年驿站、恐龙故里"等旅游形象定位，以国家全域旅游示范区、边境旅游试验区建设为切入点和突破口，大力发展边境特色文化旅游业。在深耕国际和国内两个市场、两种资源的同时，坚持"快旅慢游"理念，集中力量提升内地旅游热门城市与沿边口岸之间、机场车站与景区之间以及各景区之间的通达能力。目前，二连浩特市机场开通 9 条国内航线通达京津和华北、东北地区 12 个城市；开通了二连浩特至蒙古国赛因山达、乌兰巴托等地，以及以二连浩特为起点穿越蒙古草原直达贝加尔湖自驾游等多条跨境旅游线路。初步形成了以化石遗迹游、异域风情游、民族特色游、边关文化游为主体的旅游产业体系，口岸旅游品牌和影响力与日俱增。同时，二连浩特市加强与盟市间的旅游合作，与乌兰察布等盟市签订旅游战略合作协议，整合"中国乳都"呼和浩特、"避暑之都"乌兰察布和"恐龙之乡"二连浩特等地精品旅游线路，推动开行"口岸号"旅游专列，多地联合开展旅游宣介推广活动，实现互送团队、共享客源。2018 年接待国内外旅游人数 225.5 万人次，旅游总收入达 53.1 亿元。

二、满洲里市发展现状及类型

（一）发展现状

1. 城市概况

满洲里原称"霍勒津布拉格"，蒙语意为"旺盛的泉水"。1901 年，因东清铁路（后改名中东铁路）的修建而得俄语名"满洲里亚"，音译成汉语变成了"满洲里"。这是一座拥有百年历史的口岸城市，融合中俄蒙三国风情，被誉为"东亚之窗"，也是内蒙古对外开放的一个侧影。全市"五纵七横"，共有 12 条主要街道，300 多栋建筑根据不同主题呈现出古典俄罗斯、哥特式、法国古典主义、意大利文艺复兴等建筑风格。此外，还有中苏、兴华商业步行街两条特色街区，以及中东铁路历史文化街区，整个城市国际风情浓郁，展现了塞外边城的独特魅力。作为国家进口俄罗斯小麦、荞麦、燕麦、葵花籽和亚麻籽落地加工指定口岸，成功培育了"伊古道""俄满香"

等本土粮油品牌，进口粮油年加工能力达83万吨。作为汽车平行进口试点口岸，已有5家试点企业通过商务部备案，汽车贸易企业超过20家，加快培育打造面向全国的俄系汽车进口集散中心。作为自治区级电子商务示范基地，引进培育了俄易邮、大山商贸等130家电商企业，年交易额10亿元，占内蒙古交易额的一半以上。

满洲里位于内蒙古呼伦贝尔大草原的西北部，东依大兴安岭，南濒呼伦湖，西邻蒙古国，北接俄罗斯。满洲里地处东北亚经济圈的中心，是欧亚第一大陆桥的战略节点和最重要、最快捷的国际大通道，是一座拥有百年历史的口岸城市，由于融合了中俄蒙三国风情，因而被誉为"东亚之窗"。满洲里拥有广阔的经济腹地，是中国最大的陆路通商口岸，承担着中俄贸易70%以上的陆路运输任务。满洲里对内背靠东北三省，与环渤海地区相贯通；对外通过西伯利亚大铁路与俄罗斯相互连接，最终到达荷兰鹿特丹港，沿线大多为俄罗斯的大城市，人口相对密集、资源相对富集，因此有利于开展经贸合作。在中蒙俄经济走廊建设过程中，满洲里凭借优势地理位置，发展成为整个东北亚区域经济合作的战略支点，同时，伴随着我国实施西部大开发、振兴东北老工业基地和"一带一路"建设的深入推进，满洲里发挥的作用越来越明显。辖区总面积732平方公里（含扎赉诺尔区），总人口（含扎赉诺尔区）32万，其中户籍人口17万，居住着蒙古族、汉族、回族、朝鲜族、鄂温克族、鄂伦春族、俄罗斯族等20多个民族。

截至1996年，满洲里已探明的矿产资源有褐煤、石灰石、砂石、珍珠岩、膨润土、明矾石、花岗石、硅石、玄武岩等。其中扎赉诺尔煤田储量为101亿吨，含4个煤层群，可采煤层8个，低位发热量3800千卡/千克。开放山煤田位于市区西南15.5公里处，储量为1800万吨。珍珠岩矿位于市区东北3公里处，该矿储存于上存力组酸性火岩中，由主矿体和8个从属矿体组成。主体矿总储量57.67万吨，适于露天开采。按年产万吨珍珠岩砂膨爆2000吨计算，可开采25年左右。

膨润土矿位于市区西部查干湖周围，经初步化验，膨润系数在6倍以上，属钙基膨润土。初步勘查储量在50万~100万吨。硅石矿储量在80万~110万吨。

2.工业状况

满洲里突出木材产业提档升级，加快推进实施了国际木材交易市场、联众热电联产、瑞典宜家家具配套生产、联众人造板等项目，建设全国最大的进口木材交易市场、最大的锯材集成材加工集散基地、最大的木结构房屋加工基地和北方最大的松木家具生产基地。全面开展全市木材加工企业消防安全整治，制定出台了《全市木材加工企业消防安全隐患整改标准（试行）》。截至 2015 年，共有 47 家木材企业进行了不同程度的整改，其中取得消防验收手续且完成隐患整改的 4 家企业已恢复生产。积极稳妥地推进能源开发转化项目，加快推进灵东矿产业升级改造、深能 20MWP 光伏发电和两个 2×60 万千瓦电站项目，继续推进口岸站场宽准轨延伸至扎赉诺尔工业园区，谋划利用境外资源开展精深加工。以全国陆路指定粮油进口口岸获批为契机，在实现俄罗斯油菜籽进口落地加工的基础上，争取大麦、燕麦、亚麻籽进口，力促益海嘉里集团、山东鲁花集团等一批大型粮油加工项目落地开工，建设我国最大的对俄绿色农畜产品加工输出基地，培育新的产业增长点。截至 2015 年，已试验性进口俄罗斯油菜籽近 3.2 万吨，已生产加工 2 万吨，近期加工能力可达到 15 万吨。金融业方面，组建满洲里银行，加强与光大银行呼和浩特分行的合作，推进金融机构与实体经济、新兴产业的融资对接。推动对俄跨境人民币结算业务，有力促进双边经贸往来。

满洲里市煤炭行业产量完成 1629 万吨，增长 16.7%。木材进口量 1123 万立方米，下降 11.8%，落地交付量 664 万立方米，下降 21.3%。全市发电总量 29.3 亿千瓦时，增长 1.4%，其中，火力发电 24.2 亿千瓦时，下降 0.4%；风电 4.8 亿千瓦时，增长 12.2%；光伏发电 0.4 亿千瓦时，下降 3.4%。全年全部工业增加值 28.9 亿元，增长 4.2%，其中，规模以上工业增加值增长 4.1%（见表 4-1）。

表 4-1　2018 年满洲里市规模以上工业企业主要产品产量

产品名称	产量
原煤	1629 万吨
发电量	29.3 亿千瓦时
钾肥	4.5 万吨
活性炭	7758 吨
水泥	24.6 万吨
商品混凝土	66872 吨
自来水	1605 万立方米

资料来源：《满洲里市 2018 年国民经济和社会发展统计公报》。

3. 外贸状况

互贸区是满洲里市对外开放的前沿，是开发开放的窗口。1992年，满洲里中俄市贸易区成为首批跨国界的国家级开发区之一；2015年，互贸区深度开放工作启动；2016年6月，满洲里市中俄边民互市贸易平台试运行，满洲里边贸潜力逐渐释放，贸易额日益攀升。2016年，满洲里口岸货运量累计完成3051万吨，增长1.3%；开通班列线路达28条，开行846列、货值116亿元，分别增长40.1%、19.6%；口岸外贸进出口总值269.6亿元，增长5.3%；上缴关税及代征税29.4亿元，增长21.7%；边境旅游人数70.3万人，增长30.9%；旅游总收入116亿元，增长18.2%；旅游创汇2.8亿美元，增长16.4%。2016年，内蒙古各口岸进出境货运量7887万吨，同比增长19.8%，创历史新高。2012~2016年，满洲里进出口总额有增有减。2016年，其出口总额占内蒙古进出口总额的20.25%；受俄罗斯经济发展影响，从2014年开始，满洲里进出口额有所减少，其中出口额下降明显，2016年出口额下降约53.17%（见表4-2）。

表4-2　2012~2016年满洲里进出口总额及占比

年份	内蒙古进出口总额（亿元）			满洲里进出口额（亿元）			满洲里进出口额占比（%）		
	总额	出口额	进口额	总额	出口额	进口额	总额	出口额	进口额
2012	701.81	247.57	454.24	132.71	15.63	117.08	18.90	6.31	25.77
2013	731.57	249.80	481.78	141.22	24.22	117.00	19.30	9.70	24.28
2014	894.00	392.00	501.20	201.70	80.31	121.39	22.56	20.49	24.22
2015	807.01	357.90	449.11	175.59	68.49	107.10	21.76	19.14	23.85
2016	807.37	308.50	498.87	163.46	37.61	125.86	20.25	12.19	25.23

资料来源：内蒙古自治区统计局。

内蒙古自治区外汇管理部门简化边境地区企业收付汇流程和贸易收支单证审核要求，企业的管理成本和时间成本显著下降。针对具有显著边境贸易特点的263家企业，在总量核查、监测分析、风险处置等环节实行差异化管理，为边贸企业发展提供便利。2017年第一季度，边境小额项下进出口金额达5.83亿美元，同比增长40.3%。占地1.44平方公里的满洲里综合保税区是内蒙古首个综合保税区。保税区能够为区内企业提供完善的生产、物流、服务环境，又能在其业务允许范围内，为区外的企业提供物流、贸易、展示、研发、维修、金融等多种支持。中俄互市贸易区区域功能日益完善，满洲里市对外开放水平不断提升。互贸区深入实施"开放兴区、贸游立区、口岸强区、产业富区"的发展战略，为企业间的交流合作提供平台和媒介，推进项目合作交流，带动满洲里市旅游贸易转型升级。满洲里市成了我国最大的俄罗斯进口商品集散地以及中国商品、第三国保税货物出口"俄蒙欧"的最大交易平台。另外，公路、铁路、航空三位一体的立体化口岸枢纽在互贸区交汇，为满洲里深度开放、互贸区扬帆起航加速开发开放，构建了高效便捷、现代化的交通体系，城区功能、对外服务和辐射功能日益增强。

4. 经济发展状况

"一带一路"建设是满洲里发展的最大动力。近年来，全国多个省份开通连接中亚、俄罗斯和欧洲的货运班列，满洲里作为中蒙俄经济合作走廊的重要节点优势凸显。一列列火车从这里出境，驶经广袤的俄罗斯腹地，直抵波兰华沙，横跨亚欧大陆。货运班列奔忙不息，使满洲里成为亚欧国际联运"新通道"。

据初步核算反馈，2018 年，满洲里市 GDP 实现 173.5 亿元，按可比价计算，同比增长 3.9%；人均 GDP 76703 元，按可比价计算，同比增长 3.4%。分产业看，第一产业增加值 3.5 亿元，同比增长 1.3%；第二产业增加值 35.7 亿元，增长 2.9%；第三产业增加值 134.3 亿元，增长 4.3%。三次产业结构比例为 2∶20.6∶77.4。万元 GDP 能耗下降 3.4%。全年一般公共预算收入 11 亿元，增长 7.9%。其中，各项税收收入 8.6 亿元，增长 11.4%。全年一般公共预算支出 38.7 亿元，下降 4.6%。其中，教育支出 4.1 亿元，下降 9.4%；医疗卫生支出 2.6 亿元，下降 11.7%；社会保障和就业支出 8.6 亿元，增长 20.3%。民生类支出为 21.7 亿元，占一般公共预算支出的 56%。居民消费价格总体平稳，总指数 102.1%。其中，八大消费品价格指数均呈现增长的发展态势，食品、研究及用品、衣着、家庭设备用品和维修、医疗保健和个人用品、交通和通信、娱乐教育文化、居住的涨幅分别为 1.3 个、0.9 个、2.6 个、0.7 个、3.3 个、0.8 个、5.8 个和 1.9 个百分点。全市各类市场主体 21554 户，注册资本 257.3 亿元，同比分别增长 38% 和 35%。其中，私营企业 4348 户，注册资本 246.7 亿元，同比分别增长 23.4% 和 33.8%；个体工商户 17206 户，注册资本 10.6 亿元，同比分别增长 42.3% 和 69.2%。

满洲里口岸是内蒙古沿边开放的窗口和晴雨表。2017 年以来，全球经济开始回暖，以俄罗斯为代表的"一带一路"沿线国家经济形势良好。沿线主要出口市场经济回暖，需求增加、消费升级，带动内蒙古机电产品出口大幅增长。

2017 年第一季度，内蒙古对"丝绸之路经济带"和"21 世纪海上丝绸之路"沿线国家进出口 144.2 亿元人民币，同比增长 37.4%，占同期内蒙古外贸进出口总值的 62.1%。其中，出口 46.3 亿元，占同期外贸出口总值的 56.7%，同比增长 38.6%；进口 97.9 亿元，占同期外贸进口总值的 65%，同比增长 36.8%。

2016 年，国家及内蒙古陆续出台一系列涉外优惠政策，助推区内企业加快"走出去"步伐，新增境外投资企业 80 家，增长 1 倍；新增企业中方协议投资额 179875.83 万美元，增长 24.73%；境外投资资金实际汇出 153231.62 万美元，增长 2.98 倍。新设境外直接投资企业家数、境外直接投资实际汇出额齐创历史新高。

金融部门倾力支持满洲里口岸经济发展。2015 年 7 月，国务院批复卢布现钞在满洲里口岸正式试点使用。中国银行、中国农业银行两家商业银行已开办卢布现钞兑换存取业务，2017 年 6 月末金额达 17433 万卢布。卢布现钞在满洲里口岸的商业、服务业及民间得到较广泛的使用，为满洲里口岸经济发展注入活力。2016 年内蒙古新增的 80 家境外投资企业，满洲里占 46 家，占比为 57.5%。满洲里中俄互市免税贸易区内，人头攒动，游客们在此选购俄罗斯、蒙古国风格的特色商品。物品畅流的背后，是中俄、中蒙双边本币的顺畅流通。跨境人民币结算业务开办以来，满洲里口岸的跨境人民币业务年均增长 10%，占口岸全部跨境结算量的 80%，占呼伦贝尔市跨境人民币结算量的 90%。截至 2017 年 6 月末，已有 356 家企业成功办理了跨境人民币结算业务，既有效规避了汇率风险，又降低了成本，提高了资金使用效率，简化了通关及退税手续。满洲里口岸的跨境人民币结算业务由开办之初的 6 个国家（地区）、9 家境外参加行，发展到目前已与境外 32 个国家（地区）、210 家境外参加行开办了跨境贸易人民币结算业务，跨境人民币结算业务实现长足发展。

截至 2017 年 3 月 31 日，满洲里互市贸易区俄籍个体工商户开立外汇结算账户 55 户，购汇 1.83 亿卢布（折合 297 万美元）、汇款 1.53 亿卢布（折合 243 万美元）。满洲里的跨境人民币业务与外汇管理工作是内蒙古金融对外开放的一个侧影。内蒙古外汇管理部门积极推进"放管服"改革，支持企业"走出去"。内蒙古已有 8 家企业集团开办跨国公司外汇资金集中运营业务，6 家企业集团开办跨境双向人民币资金集中业务，34 家签约企业可借外债额度达 1655 亿元人民币。与毗邻国家本币结算稳步发展，截至 2016 年末，内蒙古与俄蒙商业银行建立账户行关系 58 个，开立金融同业账户 159 个，人民币境外参加行覆盖蒙古国所有商业银行和俄罗斯东北亚主要商业银行。跨境人民币结算业务实现突破，内蒙古已有 1952 家企业参与跨境人民币结算业务，总规模达 2022 亿元。经人民银行总行授权，人民银行呼和浩特中心支行与蒙古国央行建立了常态化信息互换交流机制，满洲里卢布现钞使用试点和蒙古国货币图格里克区域挂牌工作取得积极进展，首笔中蒙和中俄央行互换协议项下格里克和卢布资金动用相继在内蒙古落地。

外汇局内蒙古分局积极支持图格里克现汇跨境结算在二连浩特市开通。2016 年 6 月，中国农业银行二连浩特分行与蒙古国国家银行顺利完成首批金额 140 万图格里克现汇跨境结算业务，标志着中国境内正式开通蒙古货币图格里克跨境结算业务。截至 2017 年 4 月末，内蒙古各商业银行累计为蒙方企业及在蒙中资企业提供信贷融资 8 亿元，金融账户授信 14.6 亿元，对蒙方商业银行提供同业融资 3.22 亿元。与毗邻俄蒙双边本币互换协议项下资金动用取得新进展，2016 年 8 月首笔 1 亿图格里克互换资金动用落地，2017 年 4 月 200 万卢布互换资金动用落地，主要用于涉外企业跨境融资，双边本币金融合作呈现良好发展态势。

（二）存在问题

（1）信息获取不畅，缺乏对俄罗斯、蒙古国资源的深度调研，联合开发意识不强，宣传协调力度不够。同时，各个利益部门之间政策不一致，信息失灵。俄罗斯对中国进口商品政策的多变，导致一些协议、合同履行难，妨碍贸易的正常往来。

（2）进出口商品结构单一，双方合作层次不高等问题一直未有改观。满洲里从事进出口贸易的企业绝大部分是民营企业，存在规模小、资金少、产业链短、融资能力差、市场抗风险能力弱等问题。以贸易流通为主要业务，企业本身缺乏实质性产品生产的基础设施设备，产业链极短且管理水平不高，在融资时缺乏应有的信用担保及有效抵押物，融资能力较差，制约着中小企业的扩大再生产。很多公司靠享受边境贸易的优惠政策来维持经营，中俄两国的贸易政策稍有变动，就会给企业带来很大影响。此外，满洲里进口的商品以木材、化工原料为主，出口商品主要是轻纺织品、冻肉、菜

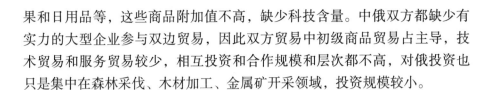

果和日用品等，这些商品附加值不高，缺少科技含量。中俄双方都缺少有实力的大型企业参与双边贸易，因此双方贸易中初级商品贸易占主导，技术贸易和服务贸易较少，相互投资和合作规模和层次都不高，对俄投资也只是集中在森林采伐、木材加工、金属矿开采领域，投资规模较小。

（三）满洲里建设特色小城镇的 SWOT 分析

1. 优势

扬长补短、发挥优势是每个城市、地域对外经济快速发展的基本要求。在中蒙俄经济走廊视域下，满洲里对外经济发展的优势突出体现在以下四个方面：

（1）口岸优势。口岸作为国家指定对外往来的门户，是满洲里经济尤其是对外经济快速发展的最大优势。满洲里口岸集铁路、公路、航空于一体，其铁路口岸早在 1901 年便已开通，直接连接西伯利亚大铁路。迄今，已有 14 条中欧班列路线途经此岸，年总换装能力超过 7000 万吨，尤其是"粤满俄"及"苏满欧"两条过境班列，行程均达到了 1.1 万公里以上，成为我国发运班列数量最大和开通跨境班列线路最多的边境铁路口岸。公路口岸实行 24 小时通关制，占地面积约 1.2 平方公里，口岸年过境人数超过 1000 万人次，过境车辆超过 100 万辆次，过境货物超过 300 万吨。航空口岸有 7 条国际航线，数十条国内航线。依托优越的地理位置，满洲里成为国家首批开放的一类重点口岸之一。作为连接东北亚西伯利亚铁路的战略支点，铁路运输距离短，经由满洲里口岸的线路，从日本横滨至荷兰鹿特丹，比经由其他口岸的线路运输距离要近 1000 公里左右。满洲里市辖区公路网通车总里程 180.78 公里，路网中等级公路占公路通行总里程的 91.6%。开通国际公路客运线路 2 条，国内公路长途客运线路 7 条。拥有国家一类公路口岸十八里公路口岸和国家二类公路口岸二卡公路口岸。国内主要线路有满洲里—扎资诺尔、满洲里—海拉尔、满洲里—新巴尔虎右旗，以及直达绥芬河的 301 国道。

（2）地缘优势明显。满洲里口岸是全国最大的边境陆路口岸，满洲里处于中俄蒙三角地带，北接俄罗斯，西邻蒙古国，是第一欧亚大陆桥的交通要冲，承担着中俄贸易 70% 以上的陆路运输任务。满洲里口岸是集公路、铁路和航空三位一体的全国最大的边境陆路口岸，也是中国通往俄罗斯等独联体国家和欧洲各国重要的国际大通道。满洲里在内蒙古发挥着重要的交通枢纽功能。东清铁路（后改名为中东铁路）建成全线运营，奠定了满洲里作为连接欧亚重要交通枢纽的地位。满洲里不仅是中俄两国重要国际铁路通道途经地区，也是由俄罗斯进入中国的铁路"第一门户"。大批俄国商人与中国商人在此处进行商品转运，铁路运输功能成为其最显著的城市功能之一。改革开放之后，在国家政策大力支持下，满洲里铁路运输功能恢复并且提高，在原有铁路运输基础上，增加公路运输，使满洲里在原有铁路运输枢纽的基础上增添了连接中俄两国的公路运输功能。满洲里西郊国际机场于 2005 年正式通航，2009 年作为一类航空口岸对外开放。以满洲里西郊国际机场为始发原点，1 小时航程可覆盖哈尔滨、赤峰、二连浩特、赤塔等东北部主要城市及部分俄罗斯城市，其优越的地理位置，成为航空公司航线网络布局中建立轮辐式航线网络的最佳位置和航班中转、对接的重要节点。铁路、公路、航口的交通优势，使得满洲里成为中俄间乃至中俄铁路大动脉，交通枢纽功能是满洲里城市功能的重要方面。

（3）资源优势。满洲里自然资源丰富。首先，矿藏资源富集。截至 2013 年，已探明矿藏资源 9 种，其中煤炭资源煤田储量 101 亿吨，珍珠岩主体矿总储量 58 万吨，膨润土矿 100 万吨，硅石矿储量 110 万吨。其次，畜牧产品丰富。满洲里动植物物种资源丰富，拥有广阔的草原。截至 2012 年，满洲里可用草原面积达 57960 公顷。丰富的物种资源及广阔的草原地貌造就了满洲里发达的畜牧业，畜牧产品极其丰富，是我国畜牧业主要生产基地之一。最后，旅游资源丰富。由于满洲里地处呼伦贝尔大草原腹地，为畜牧业的发展提供了得天独厚的条件。野生动物紫貂、豹、狼等种类繁多。还盛产草原白蘑、黄花菜、柴胡等经济价值可观的诸多野生植物。位于市东南 43 公里处的达赉湖，湖水总面积 2339 平方公里，总储水量约 13854 亿立方米。被公认为唯一未被污染的湖泊，有我国"第四大淡水湖"之称。湖区水草茂密，浮萍水藻浮于水面，既是盛产鱼虾的天然渔场，又是避暑、旅游的好地方。满洲里北接俄罗斯，西连蒙古国，南濒呼伦湖，东依兴安岭，融合中蒙俄三国风情，具有中俄互市贸易区、呼伦湖、第五代国门等十余个国家 4A、5A 级旅游景点，此外，满洲里属寒温带气候，冬季漫长，尤其适合冰雪旅游项目的开发。综合来讲，满洲里旅游资源极其丰富，旅游产业独具特色，异域风情游、跨国商务游、自然生态游并重的旅游产业框架正在形成。旅游资源以外带内、内外结合、建立景点、配套协调。满洲里正成为北部边疆地区独具特色的旅游中心和旅游创汇基地。旅游线路主要是满洲里至俄罗斯赤塔、乌兰乌德等国际旅游线路，国内旅游景点主要开

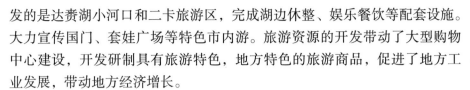

发的是赉湖小河口和二卡旅游区，完成湖边休整、娱乐餐饮等配套设施。大力宣传国门、套娃广场等特色市内游。旅游资源的开发带动了大型购物中心建设，开发研制具有旅游特色，地方特色的旅游商品，促进了地方工业发展，带动地方经济增长。

（4）政治、政策倾斜优势。早在革命战争时期，满洲里便是我国共产党与共产国际相互联络的红色通道，其社会发展与我党共产主义事业发展紧密相连。中华人民共和国成立后，满洲里更成为国家重点经济开放城市，1988 年被设为国家经济体制改革开放试验区，1992 年被国务院特批为首批沿边开放城市，2002 年被确定为"十五"期间国家重点建设和优先发展陆路口岸，2010 年被确定为国家重点开放开发试验区，2012 年被列入首批国家经济开发开放试验区等。

2. 劣势

（1）口岸受到国家政策和口岸贸易政策限制较大。满洲里边贸的发展长久以来建立在国家优惠政策的基础上，逐渐不适应经济的发展，优势越来越不明显，竞争力明显削弱。随着对外开放的不断深入，我国向北开放的陆路口岸数量不断增加，各省（市、区）不断加强口岸投入，口岸间竞争较为激烈。目前，霍尔果斯、阿拉山口、乌拉特、二连浩特和绥芬河口岸发展较为迅猛，各口岸均有各自特点和优势商品，对满洲里口岸竞争压力较大。加之，为打造好这些口岸，国家和当地政府陆续出台一些有利于当地经济发展的扶持政策，同时这些地区利用优势的自然资源和地理位置，发展具有地区特色的优势产业，向外出口一些独具特色的产品，国家和地方的扶持使得这些口岸呈现出较猛的发展势头，在推进我国向北开放的口岸建设过程中，加剧了口岸竞争。

（2）贸易结构不够合理，较为单一。与满洲里有商贸往来的地区是俄罗斯经济欠发达的地区，这些地区的经济状况制约着满洲里边贸的发展。口岸贸易缺乏长期性，一直以来，中俄口岸贸易缺乏长远的战略性，并且受自身条件制约，市场化水平不高，计划经济占主导地位。近年来，中俄两国意识到了这个问题，纷纷出台长期规划和政策，加大边境的项目投资，丰富贸易的多样化，保障两国边贸的长久合作。但是，与中国对东北地区经济的重视程度相比，俄罗斯对于远东地区的投入逊色很多。这与俄罗斯国家的经济特点密切相关，俄罗斯经济和政治的重心一直在欧洲，且远东地区地广人稀，需求和经济发展水平有很大差距。

（3）贸易体制存在差异。我国于 2001 年加入世贸组织，而俄罗斯于 2012 年才加入世贸组织。因此，中俄两国在贸易体制上存在较多差异，如在结算、仲裁、质监等方面。事实上，双方在贸易的执行中，确实存在诸多不规范的现象，使得口岸贸易具有较高的风险性。另外，双方贸易受到"灰色清关"的威胁。"灰色清关"牵涉众多人员和部门，已经成为制约双方边贸合作进一步发展的重要阻碍。

（4）文化差异和制度存在差异。中国和俄罗斯在漫长的历史中虽多有交流和接触，但分属于不同的文明体系，两个民族的文化和国民性格不尽相同，容易在现代口岸的贸易过程中出现误解与隔阂。

3. 机遇

在中俄蒙经济走廊、东北老工业基地振兴、西部大开发、黑龙江和内蒙古东北部地区沿边开发开放等国家战略的多层叠加下，满洲里成为国家重点开发开放试验区、国家的主体功能区的试点示范地区、国家东北地区等老工业基地调整改造试点、国家信息消费试点市、内蒙古自治区进口和外贸转型升级示范基地、内蒙古自治区服务聚集区、内蒙古自治区化工进口基地、进出口贸易综合改革创新试点、自治区级中小企业创业示范基地、东部盟市重点产业集中区。国家、内蒙古自治区明确支持绿色食品、文化旅游、生态经济等转型产业，为满洲里的优势产业发展带来了难得的历史机遇。建设满洲里试验区上升为国家战略，为满洲里产业结构优化的先行先试提供良好的发展机遇。满洲里市口岸经济发达，承担着中俄贸易 70%以上的陆路运输任务，以俄罗斯为主要合作对象。同时，满洲里被列为国家"一带一路"建设中俄蒙经济走廊的重点产业园区，也是陆海联运大通道的重要节点。中俄关系持续升温与中国"一带一路"等全方位开发开放战略的发展契机，为满洲里发展进出口加工业，以及在口岸重大基础设施方面争取国家支持带来了重大机遇。2016 年，中俄边境旅游区荣升国家 5A级旅游景区，满洲里市进入第二批国家全域旅游示范区创建名单，中俄蒙跨境旅游快速发展。以此为契机，满洲里积极融入国家"一带一路"建设，全面释放对外开放活力，进一步拓展开放空间、提高开放质量，加快建设向北开放的桥头堡。

4. 挑战

满洲里作为边境口岸，受到地缘政治影响，受制于国际政治、社会、经济形势，难以摆脱衰退风险，且受资金、技术制约明显。与沿海口岸不同的是，沿边陆路口岸的合作对象单一，深受毗邻国政治、社会和经济发展状况的制约。目前，满洲里经济结构中涉外产业比例大，经济对外依存度较高，随时受中俄蒙国际关系及经济形势变动影响，时刻存在衰退风险。满洲里口岸外贸总值下降，一方面是受全球经济不景气的影响，外贸出口减缓，同时，受美国退出量化宽松货币政策的影响，美元快速升值，使国际市场的能源和原材料价格持续下跌，而满洲里70%的外贸总额集中于木材、铁矿石等原材料商品，因此国际市场原材料价格降低和国内需求不足，对满洲里外贸进口产生较大影响；另一方面是受俄罗斯政治动荡的影响，西方国家先后对俄罗斯发动了几轮制裁，俄央行加息以及卢布汇率与国际油价的下跌，使俄罗斯卢布持续贬值，其贬值幅度达到40%，引起出口商品价格上涨，削弱出口俄罗斯市场的商品竞争力，导致俄罗斯居民购买力下降，使市场需求减少，预计此种情况将会随着全球经济下滑持续加剧。

随着阿尔山口、绥芬河、二连浩特等口岸地区过货量、进出口贸易额日渐上涨，满洲里口岸逐渐形成竞争优势。在此基础上，国务院提出的重点开发开放试验区，如广西凭祥重点开放试验区的设立等，也进一步加剧了沿边口岸城市竞争态势。满洲里虽然有着"亚欧第一大陆桥"的美誉，承载着欧亚大通道和东北亚陆海联运大通道的枢纽作用，但作为我国最大的陆路口岸，与水路口岸城市相比存在天然劣势，陆路边境口岸城市往往受到地理位置的限制，由于对外贸易依赖度高，受到俄罗斯和蒙古的经济影响大，因此，俄罗斯的产业结构调整、资源条件改变、科技水平政策变动对满洲里影响巨大。

（四）类型界定

满洲里主要是以木材加工业、旅游业、交通运输业等产业为支撑，发展口岸经济，从而带动当地经济不断发展。满洲里在被国务院批准为首批沿边开放城市之一后，大力发展经济和其他各项事业，均取得了突破性进展，因此主要属于产业园区型特色小城镇。

满洲里位于东北亚经济圈的中心，是亚欧第一大陆桥的战略节点和最重要、最快捷的国际通道，是一座拥有百年历史的口岸城市，由于融合了中俄蒙三国风情，因而被誉为"东亚之窗"。在建设中蒙俄经济走廊的过程中，满洲里通过积极发展边境贸易，培育特色产业，推进中国与其他国家的经济往来和贸易合作，与俄罗斯、波兰、匈牙利、日本等40多个国家和地区积极推进关系，构建起了易货贸易、现汇贸易、旅游贸易、转口贸易并存的对外贸易格局。推进中蒙俄三国的经济技术合作，深化合作体系，推进贸易、金融、运输、仓储等全方位发展。为推进优势产业的发展以及"走出去"，满洲里还不断完善基础设施，加强铁路、公路、管道和航空并举的立体化运输网络的构建，为特色产业"走出去"提供便利，10年来，满洲里口岸疏运进出口物资高达5500多万吨，上缴关税、代征税120多亿元，为我国的改革开放和现代化建设做出了重要贡献。

满洲里属于旅游型特色小城镇。中东铁路的重要节点满洲里是一座非常美的边境小城，这座"鸡鸣闻三国，犬吠惊三疆"的口岸名城，作为"一带一路"通往俄罗斯的欧亚陆桥，将"草原丝绸之路"汇集的能量，源源不断地输向遥远的现代丝绸之路。满洲里市作为国家边境旅游试验区，中俄边境旅游区、猛犸公园分别被评为国家5A级和4A级旅游景区，现已成为中俄蒙区域性旅游集散地和目的地，接待俄罗斯入境旅游者人数占全国俄罗斯入境旅游者总人数的30%，居中俄沿边口岸之首。国门广场、套娃广场是满洲里的地标景点，而呼伦湖则是满洲里最有名的自然景观胜地。国门广场坐落于满洲里市区以西8公里处中俄两国铁路连接点中方一侧，建筑风格为后工业时代风格。国门呈"门"字形，庄严伟岸，总面积约20万平方米，主要包括国门、41号界碑、满洲里红色秘密交通线遗址、仿制四代国门、和平之门广场、红色旅游展厅、中共六大展览馆、火车头广场等景观，是满洲里的标志性景区。满洲里俄罗斯套娃广场是全国唯一的以俄罗斯传统工艺品套娃为主题的旅游休闲娱乐广场，集中体现了满洲里中俄蒙三国交界地域特色和中俄蒙三国风情交融的特点，广场规划面积54万平方米，主题广场面积6万平方米，主体建筑是一个高30米的大套娃。满洲里市区以西约5公里的套娃景区是满洲里市的标志性旅游景点，也是全国唯一的以俄罗斯传统工艺品"套娃"为主题的旅游休闲娱乐场所。除此之外还有很多优秀的观光和娱乐景点，比如猛犸公园、婚礼宫、扎赉诺尔国家矿山公园、二子湖、查干湖、铁木真大汗行营、满洲里市博物馆、达永山滑雪馆等。

满洲里也属于文化型特色小城镇。满洲里作为百年口岸，历史的风雨造就了绚丽多姿的口岸文化，它也以博大的胸怀，包容了不同民族、不同风格和不同地域的优秀文化成果。每一年满洲里都会积极打造中俄蒙国际旅游节、冰雪节、美丽使者大赛和国际文化艺术节。这些活动已经成为了中俄蒙颇具影响力的年度时尚文化盛典。这些节庆活动在展示满洲里无穷魅力的同时，也扩大了满洲里在国内外的知名度和美誉度。中国·满洲里中俄蒙美丽使者大赛已经成为满洲里与全国其他地区乃至全世界沟通的桥梁，成为蜚声中外的国际性旅游节庆活动，也是传递和平与友谊、传播三国异域文化、展现三国风情的重要窗口，具有广泛的国际影响。

三、莫尔道嘎镇发展现状及类型

（一）发展现状

1. 城市概况

莫尔道嘎在鄂温克语中意为"碧水"，在鄂伦春语中意为"白桦林生长的地方""驯鹿出没的地方"，在蒙古语中意为"上马出征"。莫尔道嘎镇隶属于内蒙古呼伦贝尔市额尔古纳市管辖，西南距市区 198 公里。地处大兴安岭北段西坡莫尔道嘎河畔，东与漠河市、满归镇、阿龙山镇、金河镇相邻，南部与蒙兀室韦苏木、得耳布尔镇毗邻，西隔额尔古纳河与俄罗斯相望，北与奇乾乡接壤。辖区总面积 9384 平方公里，镇区面积 12 平方公里，居住有汉族、蒙古族、白族、鄂温克族、鄂伦春族、俄罗斯族、朝鲜族、达斡尔族、满族、藏族、高山族、土家族等 14 个民族，为额尔古纳市少数民族最多的乡镇。2006 年被由中国旅游电视协会、重庆广播电视集团主办的网络展评活动评选为中国最令人向往的地方之一，2009 年获评内蒙古自治区环境优美乡镇荣誉称号，2014 年被列入全国重点镇，2016 年 10 月 14 日被列入第一批中国特色小镇，2018 年 12 月被评为"2018 年全国森林旅游示范县"。享有"南有西双版纳、北有莫尔道嘎"的美誉。莫尔道嘎镇为国家大型二档森工企业莫尔道嘎林业局局址驻地。

2. 基础设施

莫尔道嘎镇交通便利，主要公路有拉莫公路和建设中的根白公路。有国防公路 70 公里，林业运材公路 551 公里。莫尔道嘎镇是额尔古纳市境内唯一通火车的乡镇，镇内有铁路 37.2 公里和铁路车站莫尔道嘎站。2019 年额尔古纳市城市基础设施建设日臻完善。一是强化城市基础供热保障。新建 3×75 吨锅炉、$2 \times 12MW$ 汽轮发电机组及其配套设施，总投资 29650 万元。2019 年完成投资 1 亿元，主厂房基础及设备基础已完成，烟囱、脱硫脱硝设备基础已完成，部分设备已进场。二是实施河道治理工程。目前已完成河道 600 米石砌排水沟、两侧人行道及植草砖铺设，建设箱涵 1 座，铺设雨水管网 2.8 公里，收水井 67 个，检查井 70 个，完成投资 550 万元。三是推动老旧道路改造。投资 800 万元实施老旧道路改造工程，全长 9.1 公里，总面积 12 万平方米，其中主大街面积 5.6 万平方米重新铺设沥青混凝土面层；各次干道旧砼道路铺设沥青混凝土面层面积 6.4 万平方米。四是继续推动公厕改革。新建水冲式公厕 14 座（含城市驿站 1 座），投资 480 万元。已开展 5 座公厕施工工作，完成投资 100 万元。五是扎实开展保障性安置住房配套基础设施建设。新建供热管网 6.65 公里，投资 4500 万元。截至目前，完成供热管网铺设 6.65 公里，完成投资 4350 万元。六是加强市区亮化、市政设施维护。投资 120 万元，开展亮化设施维护改造工作。投资 100 万元，对已建市政设施，包括道路、广场、公园进行维修、维护。

3. 经济发展状况

森林风景资源独具北国特色。莫尔道嘎林地保存着我国最后一片寒温带明亮针叶原始林景观。林地内山峦起伏，古木参天，植被丰富，溪流密布，夏天以"白云、蓝天、林海、松风"为独特风光，冬天以"严寒、雾凇、雪岭、冰峰"为奇异景观，深受广大游客的喜欢，为人们提供了清凉避暑、休闲度假、生态考察，挑战极限、体味人生的理想境地。莫尔道嘎开辟了北方原始森林额尔古纳界河的旅游专线，先后推出了众多旅游娱乐项目，例如激流河漂流、天然湖垂钓、森林河荡舟、原始林野宿、原始林狩猎、森林浴健身、界河游观光及冬季滑雪、凿冰捕鱼、雪橇游山、无人区探险活动等。莫尔道嘎镇国家森林公园占地面积 57.8 万公顷，森林覆盖率达到 93.3%。公园内分成龙岩山、翠然园、原始林、激流河、民俗村、界河游六个景区。

（二）存在问题

近年来，额尔古纳市加大了对旅游产业的扶持力度，虽然初步形成了以"草原、俄俗、界河、生态"为核心的品牌，独具额尔古纳特色的旅游业发展之路。但当前，额尔古纳市旅游业的发展也存在诸多棘手问题：一是目前旅游产业的发展还停留在初级阶段，"有规模、无质量"的问题突出。旅游业的开发尚未实现同相对有实力的旅游集团合作，仅依靠自然风光吸引游客，未能形成特色的旅游商贸市场。根据 2013 年额尔古纳市旅游业的发展数据测算，平均每位游客消费仅为 893 元，低端旅游特点突出，不能有效释放旅游消费潜力，基础设施建设滞后于旅游业发展的增长速度。二是"吃、住、行"要素无法满足旺季时的需求，更无法满足"游、购、娱"层面上的需求。2013 年，额尔古纳市根河流域发生了多年不遇的特大洪水，七八月正是额尔古纳市的旅游高峰季，因洪涝灾害导致道路交通中断，旅行社和自驾散客近 290 万人取消额尔古纳行程，调整旅游路线，直接旅游业经济损失 3 亿元。额尔古纳市旅游产品类型少、模式单一、保障机制不够完善，因此自然因素对旅游业的不利影响得到了无限放大。

（三）莫尔道嘎镇建设特色小城镇的 SWOT 分析

1. 优势

（1）区位优势。额尔古纳市是内蒙古 19 个边境城市之一，与俄罗斯的边境线长达 673 公里，约占内蒙古对俄罗斯边境线全长的 70% 左右，东接大兴安岭，南衔呼伦贝尔大草原，西部与北部相隔额尔古纳河与俄罗斯后贝加尔边疆区 6 个区相望，境内有黑山头、室韦两个国家一类口岸，地处呼伦贝尔沿边开发开放区"V"字经济带的核心地区，在呼伦贝尔对外开放中的地位显著，对俄国际贸易产业升级使额尔古纳市区位优势更加显著。目前，两条跨境铁路项目已经落实：一条是海拉尔—拉布大林—黑山头—俄罗斯普里阿尔贡斯克；另一条是室韦—莫尔道嘎—俄罗斯涅尔琴斯克—扎沃德。一批对俄项目纷纷落地，例如俄罗斯诺永达拉果铅锌矿、别列佐夫铁矿已经实现矿石进口，鲁西列斯木材采伐项目进展顺利，中亚银多金属公司、辽宁西洋、天津荣程集团等一大批企业的入驻，使额尔古纳市对外贸易逐步由单一"通道经济"向以境外资源向境内加工为主的"口岸经济"深层次转型，由小宗商品进出口向以境外资源开发合作为主的大宗产品进口加工规模化转型。

（2）政策优势。综观市域内外发展大势，国内南资北移趋势明显，经济结构转型加速。随着西部大开发战略和振兴东北老工业基地战略的深入实施，为额尔古纳市承接新一轮产业转移、优化经济结构提供了良好的宏观经济大环境。除国家进一步促进内蒙古经济社会发展、沿边开发开放、中国东北与俄罗斯远东地区合作战略等政策外，呼伦贝尔中蒙俄合作先导区、内蒙古蒙东重点产业规划等政策犹如为额尔古纳市量身定制。额尔古纳市在《大小兴安岭林区生态保护与经济转型》中，被列为"重点扶持发展的小城市",定位为"口岸城市"、北方对外开放的窗口,莫尔道嘎镇、黑山头镇、蒙兀室韦苏木都被设为"重点扶持发展的小城镇"。2011年,额尔古纳市被列为大兴安岭林区参照执行第三批资源枯竭城市政策旗市。这些政策利好因素为额尔古纳市的长远发展提供了难得的机遇和广阔的发展空间。

(3)自然资源优势。额尔古纳市虽然经济发展相对脆弱,但其是一个拥有得天独厚资源优势的城市。额尔古纳市拥有世界上少有的全生态、原生态的资源环境条件,土地、矿产资源以及动植物资源等十分丰富,有的甚至还处于原生态状态。

额尔古纳市地处内蒙古高原,全市辖区面积2.84万平方公里,其中现有耕地249万亩,林地面积210万公顷,草原面积714万亩,是内蒙古保存最为完整的草原。耕地资源是全国人均的20倍,森林和活立木资源是全国人均的200倍,森林覆盖率为71.28%,活立木蓄量为1.8亿立方米,占全国蓄积量的1.8%,占内蒙古蓄积量的15.4%,具有发展农牧业的天然优势。同时,额尔古纳市在得尔布干成矿带上,分布着丰富的矿产资源。矿产资源的特点是矿点多、种类全。到目前为止已发现7类19种矿产,其数量占呼伦贝尔市发现矿产种类的29%,其中有9种矿产已经探明或者初步探明了资源储量,包括黑色和有色金属矿、贵金属矿、各类非金属矿、能源矿、放射性矿和水气矿,矿产地21处。矿产资源储藏量丰富为各种工业的发展提供了有利条件。除此之外,额尔古纳市的水资源、湿地资源等在全国也处于优势地位,境内河流众多,纵横交错,均发源于大兴安岭西侧,在地域分布上比较均匀,多呈羽状河网结构。全市水资源总量为39.84亿立方米/年,占呼伦贝尔市水资源的12.3%、内蒙古的6.4%、全国的0.14%,水域生态系统、森林生态系统均较为完善,野生动植物种类繁多。近年来,随着科学技术的不断发展进步,可再生能源资源也逐渐被利用起来,风能、太阳能、生物能具有巨大的发展潜力,这些都为额尔古纳市经济的发展奠定了良好基础。

(4)优越的历史和人文资源。在历史上,大部分北方游牧民族都是从大兴安岭走向呼伦贝尔大草原,完成其由狩猎(渔)至半狩牧乃至游牧等生产方式的历史性转变。最具代表性的就是鲜卑族和蒙古族,鲜卑族从大兴安岭沿额尔古纳河及其主要支流根河走到了呼伦贝尔大草原,进而走进中原,建立了北魏王朝;蒙古族的先人们也是通过鲜卑山(大兴安岭)的天然通道走出森林,来到额尔古涅昆,沿着额尔古纳河走向更广阔的天地。

额尔古纳河流域已被学者们公认为"蒙古民族发祥地"，蒙古民族祖先"蒙兀室韦"部落，曾世代在此游牧居住，直到9～11世纪才由此西迁大泽，逐步强大，建立了后来称雄世界的蒙古帝国。至今，县域内仍较好地保存着丰厚的历史文化遗产，有大小古城遗址10余座，出土文物千余种，有着较高的考古价值和观赏价值。

2. 劣势

（1）产业结构设置不合理。额尔古纳市属于板块经济，分为农垦、地方、森工经济三大板块。其中，农垦占有耕地草场近90%，森工占有森林资源83%，地方的占有率很小。作为主要的传统产业，农牧林第一产业多年来一直是县域经济的主导产业。目前，形成了以第一产业为主，第三产业与第二产业为辅的"一、三、二"产业格局，在这种形式下，第三产业与第二产业发育不足，工业基础相对薄弱，城市自我发展能力较差，产业层次较低，易受自然环境影响而出现波动，失衡的经济结构直接导致地方经济增长缺乏后劲。莫尔道嘎镇作为额尔古纳市的重要组成部分，受到了产业结构不合理的影响，经济发展水平较为落后。

（2）基础设施建设相对滞后。公路建设层次不高，通达能力较低，欠账较多，市域内不通铁路，没有民用航空，导致额尔古纳市处于呼伦贝尔市域经济发展末梢。目前，虽然电力网络经过多年的"农网改造"取得一些成果，但是电力网络构成体系依然不够完善，骨架较为单薄。水资源虽然丰富，但开发利用率较低。经济发展水平的落后，使额尔古纳地区的教育等基础设施较差，本地居民的入学率和升学率低，人们的文化素质和科学技能水平长期得不到提高，严重制约了该地经济的发展，形成恶性循环。要实现地区发展，梳理新的产业，需要高水平的人才，可额尔古纳市地处高寒、边远地区，工作环境、待遇无法和发达城市相比，很难吸引和留住专业人才。而且额尔古纳市处于民族地区，存在其特有的问题，民族语言不通会使得各种工作难以进行。一方面，额尔古纳市缺乏既可以进行教学、商贸、翻译等工作又懂得民族语言的专业人才，人才的可进入性差。另一方面，当地农牧民又大多生产技能单一，不符合新型企业的用工要求，人力资源的限制使得该地在进行各项工作时缺乏创新精神和创新能力，难以与国际接轨，经济发展的速度也会在一定程度上受到限制，成为制约该市经济发展的主要因素。莫尔道嘎镇在这种较为落后的基础设施和经济环境下无法充分发挥自身优势，实现资源的有效利用。

（3）产业政策制约严格。额尔古纳市规划发展的煤炭开采、有色金属等产业，能源原材料等对资源的依赖性较强，受国家产业性政策制约大，能耗、环保、资源综合利用等方面的准入门槛高。同时，国家实施的天保工程、退耕还牧、减免农业税等政策，使额尔古纳市经济发展进入瓶颈，众多项目受限无法落地，林业产业发展早已陷入停滞状态，地方财政收入锐减，一度使额尔古纳经济陷入低谷。同时，国家财政对额尔古纳市的支持有限，市内经济发展的制约又使得外部如境外企业及东南沿海和周边发达地区的资金对其投资较少，口岸优势也没有得到很好的发挥，经济的发展只能靠自身有限的资金缓慢进行，因此，资金的严重缺乏成为该市经济发展的一大制约因素。尽管国家为了鼓励和发展民族、边境地区经济制定了一系列优惠政策，但由于种种原因，这些政策在该市内并没有得到很好的落实，国家的优惠政策在该市没有起到应有的作用。

3. 机遇

莫尔道嘎镇依托国家级自然保护区、国家森林公园等丰富独特的自然景观资源，确立了以旅游业为主导产业的发展方向，以构建生态文明体验区为目标的发展模式。通过成功的产品打造和市场营销，利用"南有西双版纳、北有莫尔道嘎"的宣传互补优势，森林旅游主题形象口号响遍全国，成为"中国最令人向往的地方"，美誉度和认知度不断提高。

按照"四区三线一中心"的旅游总体规划，在各驻地企事业单位的不懈努力下，现已形成了"一条黄金线，建设两条精品环线，开发三条特色单线"的旅游特色产品，已建成旅游景点 12 处，固定资产达 3.3 亿元。黄火地遗址和吕卡官墓被列为自治区级重点文物保护单位。莫尔道嘎国家森林公园被列入内蒙古大兴安岭精品旅游线路，成为内蒙古生态旅游和"东北亚寒温带旅游圈"的重要组成部分，是呼伦贝尔大旅游项目中的核心。莫尔道嘎镇林业局精心打造了莫尔道嘎国家森林公园的森林小火车、红豆坡、鹿道、一目九岭和白鹿岛旅游度假中心等一大批旅游景点景观，旅游产品结构逐步向多层次产品结构转换，以森林生态为主体的旅游产品更加成熟，旅游产业集约化程度不断提高，辐射带动作用明显增强，旅游产业链有了较大延伸，旅游产业体系得到进一步优化。2014 年莫尔道嘎镇在住房和城乡建设部等部门发布的《关于公布全国重点镇名单的通知》（建村〔2014〕107 号）中被列入"全国重点镇"，是额尔古纳市唯一被列入的乡镇。2016 年在住房和城乡建设部、国家发展改革委、财政部发布的《关于开展特色小镇培育工作的通知》（建村〔2016〕147号）中被列入"第一批中国特色小镇"，是呼伦贝尔市唯一被列入的乡镇。

4.挑战

莫尔道嘎镇的发展也面临一些挑战，在被列为特色小城镇的地区越来越多，旅游资源开发的同质化问题越来越突出时，不能够准确定位，特色优势难以发挥，特色产业挖掘困难，推动地区发展越来越不容易。从本质上来讲，这两个方面具有一定的关联度，正是由于对特色资源的不断挖掘，剩余的特色资源挖掘越来越困难，这使得旅游产品和服务的同质性越来越突出，最终给莫尔道嘎镇特色旅游建设带来了一定的挑战。

（四）类型界定

莫尔道嘎镇位于边境地区，与蒙俄相接，地理位置优越，自然景观丰富，打造以自然风光为主的旅游业，小城镇的长足发展建立在可以满足人群游玩休闲需求的产业上，这种产业具备低碳绿色等特征，它以优美的景色为中心，发掘各种产业以及资源的内在价值，创立集"休闲、健体、游玩、观景"于一体的旅游品牌计划，以消费型经济为主导，对推动中蒙俄旅游业发展具有积极作用，因此莫尔道嘎镇属于旅游型特色小城镇。

一般来说，自然或者人文景观丰富的地区，如果拥有便捷的交通条件，可到达性较高，那么该地区对游客具有较大的吸引力。作为整个国民经济新的切入点，旅游业毋庸置疑已经成为了第三产业中具有带头作用的优质产业，对所在地的整个经济、社会的发展起着难以预估的推动作用。

中蒙俄经济走廊的相关区域拥有大量的旅游资源，这些资源种类极其丰富，包括草原、冰雪、草和森林，以及极具风格的少数民族特色文化等。目前，中蒙俄三国已意识到了这一发展机遇，一旦抓住这个机遇，不仅能够为国家带来丰厚的收入，并且能够带动国家产业的发展，也可以让更多的人了解自己国家的文化、历史、人文以及自然景观。推动建设中蒙俄旅游共同体，能够带动餐饮业、零售以及其他服务业等相关产业的快速发展，促进产业结构优化升级。

位于大兴安岭深处的莫尔道嘎镇，地处一山谷之中，城镇背靠大山，山体有助于抵挡北边吹来的冷空气，减少大风降温的情况，所以，这个山谷适宜人们居住、度假。这是一个浑然天成的世外桃源，秋色正浓时，层林尽染，满山松黛桦橙，红枫绿水，令人流连忘返。而且，这里还有一条景色绝美的自驾线，从"草原明珠"海拉尔驶向大草原，途经有"天下第一曲水"之称的莫日格勒河，走进披着五彩霞衣的莫尔道嘎，最后融身于套娃广场的斑斓霓虹。莫尔道嘎国家森林公园，是国家林业局批准建立的内蒙古大兴安岭首家国家森林公园，占地面积 57.8 万公顷，是目前国内面积最大的森林公园，森林覆盖率为 93.3%，公园的宣传口号是"南有西双版纳，北有莫尔道嘎"。这种别具一格的自然风光，吸引众多游客前来观光，也是莫尔道嘎镇成为旅游型特色小城镇的基础和发展动力。

四、白狼镇发展现状及类型

（一）发展现状

1. 小镇概况

白狼镇共辖 1 个白桦林社区委员会，2 个行政村，有蒙古族、汉族、满族、朝鲜族 4 个民族分布，常住人口 2656 人，城镇建成区常住人口 1152 人，其中，林业职工占比接近 80%。白狼镇地处大兴安岭南侧，阿尔山市政府所在地东南，北与阿尔山林业局毗邻，东南与五岔沟接壤，西与蒙古国交界。辖区面积 720.55 平方公里。2017 年白狼镇入选"中国特色小镇"。白狼镇属寒温带大陆性气候，冬季寒冷而漫长，夏季温暖而短促，昼夜温差大，年平均气温为 –4℃，≥10℃ 的年积温为 1345.9℃，湿润度 1.08；年降水量 500 毫米，无霜期 80 天左右，主导方向为西和西北风。全年日照时长 2550 小时左右，最大积雪深度 70 厘米。全镇北高南低、西高东低，境内有白浪峰、光顶山、三广山、望远山、大黑山和较多的平岗，最高海拔 1592 米，平均海拔 1200 米左右。白狼镇具有独特的区位优势，与阿尔山市中心仅隔 30 公里，是东、南方向进入阿尔山市的交通要冲，距蒙古国边境线仅 20 公里，地理位置十分重要。

白狼镇境内有那仁河、小莫尔根河、大莫尔根河和洮儿河。那仁河、小莫尔根河、大莫尔根河分别发源于白狼镇西部的飞仙岭、三广山和大黑山脚下，由东向西流入蒙古，境内流长为 20 公里。洮儿河为白狼镇的主要河流，发源于高若山西麓，由北向南纵贯全镇，经乌兰浩特向南注入嫩江，流经白狼镇长约 40 公里，河宽 10 米左右，水深 1 米左右。

白狼镇自然资源丰富，主要包括森林资源和野生动植物资源。白狼镇林地面积 660.22 平方千米，森林覆盖率为 83%，主要建群树种有白桦、兴安落叶松、山杨、柳树。白狼镇境内常见野生动物有驼鹿、马鹿、黑熊、狍子、猞猁、水獭、野猪、雪兔等。主要禽鸟有黑嘴松鸡、乌鸡、榛鸡、啄木鸟、猫头鹰等。主要水生动物有山哲鲤鱼和冷水细鳞鱼。主要经济植物有蕨菜、广东菜、燕尾菜、山韭菜、黄花菜、牛肝菌、白蘑、黄蘑、紫花脸蘑、棒蘑、地榆、山杏、东方草莓、刺梅和芍药等 40 余种。

2. 产业发展状况

白狼镇充分挖掘自身特色和优势，实现特色化、差异化、多样化发展，根据"林俗雪村、矿泉小镇"的总体定位，依托得天独厚的生态资源优势，以发展特色农牧业为基础，以打造高端矿泉产业为重点，以开发林下旅游纪念品为亮点，以构建全域旅游新格局为核心，通过不断深化产业融合，延长旅游产业链，四大产业呈现出前所未有的活力。

特色种养业方面，白狼镇充分发挥特色种养业富民增收作用，积极推广集约型舍饲养殖模式，目前辖区内已拥有 3 个种养殖合作社，特色种养殖户 220 户，全镇耕种总面积为 47000 亩。在中国农科院和内蒙古自治区蔬菜研究所的大力支持帮助下，白狼镇有机大麦和地产黑木耳获得了国家级 QS 商标认证，黑木耳三级菌培育规模已达 80 万棒，平菇、猴头菇、灵芝已成功试种。除种植农作物以外，白狼镇还加强绿化建设，树苗种植面积共计 1401.8 亩，合 2100 多万株。同时发展畜牧业，牲畜存栏共计 4381 只，梅花鹿、野猪、狍子、林蛙、雪兔等特色养殖产业已初具发展规模。特色农牧业产业已初步形成产学研一体化发展格局。

绿色矿泉方面，先后引进蓝海集团和汇东集团两家企业入驻白狼，开发生产阿尔山矿泉水和水知道矿泉水，两家企业投资均超过 2 亿元，年生产规模均为 20 万吨，成为了本地区第一大利税企业和安置就业示范基地。

林下产品加工方面，白狼镇积极营造宽松创业环境，出台优惠支持政策，鼓励引导天原林产有限公司和林俗文化产业发展有限公司两家企业创新生产模式，通过利用废弃林下材料进行再加工，生产出了以桦树皮画、根雕、板雕、浮雕、雷击木工艺品为代表的特色林俗旅游纪念品，其中桦树皮画已申报自治区级非物质文化遗产。这些产品的开发，有效降低了企业生产成本，解决了多数待业人员的就业问题，也填补了阿尔山市旅游纪念品市场的空白。

白狼镇始终坚持以打造全域旅游新格局为核心，大力发展全域旅游、四季旅游。充分挖掘本地区独特的历史文化、林俗文化、冰雪资源和矿泉资源优势，以"旅游+"模式为基础，多种形式大力发展林俗旅游产业。白狼小城镇在"全域旅游新格局"的引导下，力争打造"抬头是山川，低头是景观"的特色旅游胜地，取得了良好的发展成效。2015年，白狼镇荣获了内蒙古自治区"环境优美乡镇""中国最美休闲乡村"等荣誉称号，2017年获批成为国家级特色小镇，在"旅游+"模式的战略下，市场影响力和竞争力不断增强，成为内蒙古重要旅游城市节点和休闲度假养生中心。近年来，白狼镇依托阿尔山市旅游业的整体发展，利用自身的自然地理和历史文化优势，重点打造了以林俗文化、游牧文化、红色文化、"三少民族"文化和冰雪文化为主题的五大旅游文化品牌，打造了林俗文化产业园区，将当地的桦树皮画、根雕等特色手工艺品进行再加工，打造成为旅游文化纪念品，既有效丰富了当地的旅游产品市场，又为小城镇居民增加了就业机会，提高了收入水平。

3. 基础设施建设和公共服务水平

白狼镇累计投入 2.2 亿元加强街道、村镇和景区景点的道路交通建设；投入 5.7 亿元用于城镇房屋改建工程；投入 400 万元用于镇、村数字电视、4G 网络、光纤网络、电力全覆盖工程；投入 1.4 亿元用于镇区主路排水沟清淤及盖板更换和镇村两级安全饮水管网铺设工程；投入 1675 万元用于收储土地，其中已完成 5 宗土地收储共计 15.4 公顷，正在收储 11 宗土地共计 46.4 公顷；投入 2840 万元用于建设垃圾填埋场、购置环保设备、组建环保队伍；投资 500 余万元完成小学校安工程及幼儿园建设。2017 年，白狼镇新增城镇就业 300 余人，就业率达 92%；发放创业贷款 500 余万元；全镇居民参与新型城镇合作医疗率 100%；完成了全镇危旧平房改造 900 余户，实现平房改造全覆盖；累计发放低保金近 820 万元，发放各类救助、救济和补贴 280 余万元；白桦林社区和两村已建成 4 处文体活动室、2 间草原书屋和 1 间图书室，配送图书 2 万余册。白狼镇依托独有的生态资源优势，牢固树立创新、协调、绿色、开放、共享的发展理念，坚持科学规划，突出特色，统筹空间规模产业三大结构、规划建设管理三大环节、改革科技文化三大动力、生产生活生态三大布局，主要通过商户建筑立面改造、道路完善及硬化、水系建设、绿化铺装等方面的工作，实现城镇面貌焕然一新，生活环境宜居宜旅。建设了狼主题文化广场、林俗村广场和林俗大舞台。白狼镇还积极开展各种有意义的活动，组织了圣水节、杜鹃节、滚冰节、趣味

运动会、林俗文化节、春节联欢会等大型群众节庆活动 40 余场。

4. 经济发展状况

文化旅游业的快速发展带动了白狼镇经济水平的整体提升。从主要经济指标看，虽然白狼镇的整体经济规模较小，但人口规模小，人均生活水平高，在阿尔山市乃至整个兴安盟已经成为比较富庶的小城镇之一。2011~2017 年，白狼镇的财政收入由 963.5 万元增加到 4521 万元；招商引资累计引进资金 7.76 亿元；固定资产累计投资 17.12 亿元；常住居民人均可支配收入由 0.96 万元增加到 2.28 万元，年均增长 15%。2016 年，白狼镇 GDP 为 6.3 亿元，城镇居民人均年可支配收入为 2.5 万元，农村居民人均纯收入为 2.28 万元，公共财政收入为 4382 万元。白狼镇先后荣获内蒙古自治区 2015 年城镇基础设施建设财政综合示范镇、自治区级环境优美乡镇、自治区级旅游名镇、中国最美休闲乡村、全国休闲农业创意精品推介活动产品创意金奖、全国休闲农牧业与旅游示范点、国家级环境优美乡镇等多项荣誉称号。

5. 扶贫发展状况

为推动扶贫攻坚工作的实效化和长效化，白狼镇依托现有的四个产业基地，建立了"合作社＋贫困户＋企业"的特色扶贫模式。2016 年，镇政府整合"三到村三到户"项目资金 85 万元，以"合作社＋贫困户＋企业"模式入股林俗文化产业发展有限公司，折股分给 45 户 69 人建档立卡贫困户，每人分得 12318 股，股民参与企业分红。2017 年，该项目新加入贫困户 13 户 23 人。旅游扶贫产业园结合自身资源优势，积极开发旅游扶贫项目，带动贫困户脱贫致富，启动"动物寄养"模式，24 户贫困户通过财政借款购买梅花鹿或野猪在产业园内寄养，年底获得相应的分红，户均收入 14300 元。贫困户同市林业局合作开发蒙古柳种植项目，目前有 12 户贫困户签订了种植协议，户均增收 7000 元。洮源新村与阿尔山市绿色发展投资有限公司合作采取"反租倒包"的形式整体运营洮源新村，每年贫困户可获得 2 万元的房屋租赁收入，目前已有建档立卡户 4 户 6 人受益。此外，白狼镇党委和政府积极动员驻镇企业参与扶贫工作，为贫困户提供就业岗位。目前，蓝海矿泉水厂、水知道矿泉水厂、天原林产公司、鹿村商贸有限公司、白狼峰特种养殖有限公司等企业已为当地贫困户提供就业岗位 226 个。

（二）存在问题

第一，阿尔山市与白狼镇事权和财权配置不合理。白狼镇于1998年设置建制镇，但是在设镇之后，出现了事权不断增加、财权日渐萎缩的局面。白狼镇作为一个以旅游业为主的特色小城镇，需要不断强化对景区景点的宣传和维护，还要建立一些新的旅游景点来加大对游客的吸引力。同时，随着旅游业的不断发展，需要不断增加对景点的支持，包括政策支持和扩大经费投入，从而扩大宣传力度，维护景点环境，建设新的旅游观光地点。但是随着当地政府的各项支出增加，政府需要在城镇基础设施、环境卫生、社会治理、公共服务、劳动就业等公共问题方面承担更多职责，需要提供更多的农村公共物品，这些职责在政府财权受限的情况下给政府带来了更大的压力。据统计，2017年白狼镇对阿尔山市的财政贡献率达38.8%，白狼镇的预算支出占阿尔山市预算支出的34.2%，由此可以看出白狼镇的预算支出占比较大，在土地占比和其他基础设施改善方面有较大困难。

第二，白狼镇与毗邻乡镇政府之间竞争大于合作。"任何相邻城市之间都存在着竞争与合作的问题。"同理，隶属于同一城市的乡镇之间也会不同程度地存在竞争与合作问题。阿尔山市所辖的天池、白狼、五岔沟三个建制镇，都是以旅游业作为支柱产业的小城镇。三个镇既有各自的旅游资源特色，又共享着阿尔山地区的旅游资源和市场。在这种情况下，三个镇在大力发展旅游业方面不可避免地会出现竞争局面。适度的竞争有利于激发旅游市场活力，良性的竞争机制也有利于促进地方发展。由于我国的经济和政治制度还不够完善，一些地方政府间的竞争出现了异化现象。地方政府基于本地区利益的考虑，以及受资源有限性的制约，使得地方政府间的竞争愈演愈烈。主要可以归纳为两种情况：对中央政府和上级政府所掌握资源的争夺；对地方各种经济发展资源的争夺。这种竞争关系在地方利益的驱动下，在资源共享、市场共享的诱惑下，极有可能演变为分割资源、分化市场的恶性竞争。如果各乡镇在发展旅游业方面只打自己的"小算盘"，那么，不仅乡镇旅游难以真正做大做强，对阿尔山市旅游业的整体发展也将产生越来越多的负面影响。在对三个镇2017年的政府工作报告进行比较分析后发现，三个镇的发展思路大体趋同，在旅游产业发展规划方面也具有较强的同质性和同构性，而对于如何加强同其他两个镇乃至周边其他旗县乡镇的旅游合作，在三个镇的政府工作报告中均未曾提及。在阿尔山市的政府工作报告中，虽然反复提及大力发展"全域旅游"，但对在"全域旅游"

背景下如何加强乡镇合作未能做出充分的考虑。事实上，发展"全域旅游"不仅需要旅游产业链的各个环节紧密衔接，更需要地方政府间的紧密合作。

（三）白狼镇建设特色小城镇的 SWOT 分析

1. 优势

（1）优越的自然地理条件。白狼镇地处大兴安岭中段岭脊的南侧，与阿尔山市中心仅相距 30 公里，距蒙古国边境线 40 公里，地理位置十分重要。镇辖区占地面积为 720.55 平方公里，其中林业用地 660.22 平方公里，森林覆盖率高达 86%；野生动植物资源丰富，动物种类有 6 目 15 科 57 种，植物种类有 55 科 189 属 239 种；境内水系众多，是那仁河、大小莫尔根河、洮儿河四条河流的发源地，山谷沟壑遍布大量冷泉、温泉和矿泉，世属罕见。白狼地区拥有充足的日照，全年日照时间较长，大约为 2550 小时，全年无霜期在 80 天左右，全年覆雪期长达 7 个月，最大积雪深度 70 厘米。由于特殊的地质环境，形成了一些独特的景观，如位于白浪峰下的第四纪冰川遗迹，吸引了大量游客。

（2）深厚的历史文化底蕴。白狼镇历史悠久，文化底蕴深厚，北方许多少数民族都曾在这里留下过生活印记。据《阿尔山文史资料》记载，12 世纪时，塔塔尔部的查干塔塔尔人在此居住，成吉思汗亲率大军在阿尔山、白狼镇一带与塔塔尔人作战。考古学家曾在白狼峰的崖壁山洞中，发现大量契丹文字，并据此推断契丹或女真人曾长期生活于此。清咸丰年间，班禅活佛曾在此做道场，发现这里山川秀美、景色宜人、物种丰富，遂起名为"白力嘎"，蒙语意为"富庶的地方"，据传白狼镇也因此得名。抗日战争时期，日本侵略者为掠夺白狼地区的林木资源专门修建了铁路设施和军事工事，这些设施从侧面记录了早期林业工人的血泪史和抗争史。

（3）经济社会发展。白狼镇作为以旅游业为主导产业的特色小镇，依托独特的地理环境优势和丰厚的历史文化底蕴，打造独特的旅游文化品牌，如林俗文化、游牧文化、冰雪文化等。文化旅游业的快速发展也带动了白狼镇经济水平的整体提升。白狼镇的人口规模相对较小，常住人口为 2656 人，城镇建成区常住人口 1152 人，其中，林业职工占比近 80%。白狼镇主要分布有蒙古族、汉族、满族、朝鲜族四个民族，由于人口规模相对较小，人均生活水平较高，白狼镇成为阿尔山市甚至兴安盟较为富庶的小城镇之一。

2. 劣势

阿尔山市所辖的天池、白狼、五岔沟三个建制镇，除旅游业以外其他产业的发展均较差，因此只能将旅游业作为支柱产业，从而带动其他产业发展。同时，三个镇虽然拥有独特的旅游资源，但由于发展受限，只能借助阿尔山市共同的旅游资源和市场发展。另外，三个镇在旅游产业上的发展模式和规划趋同，三个镇形成了较明显的竞争关系，同时任何一个镇都没有与其他镇或者乡进行合作或者互补的提议，这种相同模式的发展道路在一定程度上制约了白狼镇的发展，使得白狼镇的特色不够鲜明。

白狼镇除了与阿尔山市其他两个建制镇存在较大竞争关系外，与其他地区也存在激烈的竞争关系，例如白狼镇大力发展的冰雪旅游市场，目前北方很多省份也在积极地推行冰雪旅游项目的开发，因此虽然市场规模较大，但由于白狼镇交通相对不便捷，基础设施较为落后，距我国其他较为发达省份较远等，比较优势不突出，缺乏竞争力。从成本—收益的角度来看，不进行相应分析，盲目地开发冰雪旅游项目，在短期内回报较小，甚至有可能造成资源浪费，加重政府负担。

3. 机遇

新一轮东北振兴战略、资源枯竭型城市扶持计划、大小兴安岭林区生态保护与经济转型规划、兴边富民行动规划等政策极大地推动了经济社会发展。经过不懈努力，阿尔山市先后荣获"全国森林旅游城市示范区"、"'一带一路'国际健康旅游目的地"、自治区级"双拥"模范城等称号。成功获批"国家旅游扶贫试验区""国家生态旅游示范区"和"国家级电子商务进农村综合示范县"，成功进入"城市双修"试点城市、中芬低碳生态城示范市行列。

4. 挑战

目前我国经济发展仍处于重要战略机遇期，经济社会发展基本面长期趋好。虽然宏观经济发展长期向好的基本面没有变，经济韧性好、潜力足、回旋余地大的基本特征没有变，经济持续增长的良好支撑基础和条件没有变，经济结构调整优化的前进态势没有变，但是经济下行压力依然较大。白狼镇在这种挑战下需要发挥后发优势，实现跨越式发展。

（四）类型界定

白狼镇主要依靠独特的自然资源来发展旅游业，拉动经济的增长。白狼镇地处大兴安岭中段岭脊南侧，位于阿尔山市政府所在地东南部，北与阿尔山林业局毗邻，东、南与五岔沟镇接壤，西与蒙古国交界，边境线长 4 公里，拥有重要的战略地位。在建设中俄蒙走廊的过程中，白狼镇利用和蒙古交界的优势地理位置，充分发挥作用，因此白狼镇属于旅游型特色小城镇。

白狼镇拥有丰富的自然资源，主要包括森林资源和野生动物资源，这些众多的自然资源为当地提供了很大的旅游吸引力，吸引众多游客前来参观。白狼镇贯彻落实以人为本、全面协调可持续的科学发展观，稳固基础，抓住机遇，调动一切积极因素，充分融入区域经济一体化，参与区域分工协作。加强生态建设，加快经济转型，加快旅游业发展，把白狼镇建设成为环境优美、特色鲜明、生活富裕、社会和谐的魅力城镇和享有较高知名度的旅游目的地。

边境特色小城镇建设基础及影响因素

一、发展基础及动力机制

（一）发展基础

1. 政策基础

内蒙古边境地区经济社会发展相对落后，与沿海、内陆存在着客观的经济差距，推动内蒙古边境地区经济发展，可以为民族团结、边境安定、边防巩固提供坚实的物质基础和强大的内在凝聚力，是国家长治久安的基础保障。建设内蒙古边境特色小城镇，推动中蒙俄经贸合作需要以政策为依托。我国与蒙俄政治关系不断提升，中俄建立了"全面战略协作伙伴关系"，中蒙建立了"全面战略伙伴关系"，良好的中蒙俄关系为内蒙古边境特色小城镇参加中蒙俄经贸合作建设提供了有力保障。无论是西部大开发战略、振兴东北老工业基地战略，还是"一带一路"建设，内蒙古均被纳入决策范围。国务院印发了有关文件及制定了优惠政策，例如，2000 年我国启动"兴边富民行动"，2015 年国务院印发《关于支持沿边重点地区开发开放若干政策措施的意见》（国发〔2015〕72 号）。内蒙古自治区人民政府于 2016 年 9 月印发了《关于特色小镇建设工作的指导意见》（以下简称《意见》），是内蒙古自治区政府在中央政策的号召下出台的第一部特色小镇建设文件。《意见》的发布是内蒙古为了推动新型城镇化和城乡一体化建设，充分调动经济社会的有利因素促进社会发展采取的重要举措。《意见》提出，到 2020 年，内蒙古的特色小镇建设要基本形成特色鲜明的产业规模，较为完善的公共基础设施和宜居的生态环境。在此基础上，在城镇整体建筑风貌、特色民族文化开发等方面进一步深化，成为带动县域经济能力的重要力量。2017 年 12 月，国家发展和改革委员会、国土资源部、环境保护部发布了《关于规范推进特色小镇和特色小城镇建设的若干意见》。2018 年，内蒙古自治区发改委、国土厅、环保厅等部门也发布了《关于规范推进内蒙古特色小镇和特色小城镇建设的通知》，内蒙古自治区人民政府在深入学习国家发改委相关意见的基础上，准确把握特色小镇和特色小城镇的建设规模、建设范围以及异同点，坚持因地制宜、以人为本地分别发展特色小镇和特色小城镇。2017 年，国务院办公厅印发《关于印发兴边富民行动"十三五"规划的通知》（国办发〔2017〕50 号），多次从国家层面对内蒙古边境特色地区给予重点扶持，可见国家对发展边境经济和稳边固边兴边工作的重视。2018 年 11 月，内蒙古自治区发改委、国土厅等部门联合发布《内蒙古自治区特色小城镇高质量创建方案》（以下简称《方案》），在前期的创建基础上对内蒙古如何谋取高质量特色小城镇创建工作作出安排和部署。《方案》确立了"谋划一批、培育一批、创建一批、命名一批"的基本原则，提出在 2021 年左右创建培育 30 个左右自治区级高质量特色小城镇，发展 5 个左右的国家级特色小城镇。《方案》中还提到了特色小城镇的"创建达标制"和"有进有退机制"，对特色小城镇进行动态管理、日常化监测、标准化评估，内蒙古特色小城镇建设逐渐步入正轨。2019 年 1 月，内蒙古首批高质量特色小城镇发展培育名单公布，标志着内蒙古特色小城镇长效机制的工作部署已经正式开始，有力有序地创建一批典型性、标杆性的全区特色小城镇。此外，按照国家关于建立健全特色小城镇高质量发展工作的要求，内蒙古自治区发改委等其他部门联合相关领域的专家学者制定了内蒙古创建高质量特色小城镇的评价指标体系，进一步规范和引导特色小城镇建设提高发展质量，实事求是，量力而行，进一步深化标准化评估、日常化监测的长效发展机制。因此，政策基础对促进内蒙古经济社会的长远发展以及内蒙古边境特色小城镇的建设具有重要意义。

2. 资源基础

内蒙古在煤炭、冶金、有色金属、农畜产品、化工和旅游资源上具有得天独厚的优势：煤炭资源储蓄量居全国第一位；森林、草原面积和人均耕地面积居全国第一位；能源矿产资源富集，已探明的矿产有 135 种，其中 6 种矿产的保有储量居全国第一位，特别是稀土资源含量大、品位高。内蒙古发展农牧业的条件优越，得天独厚的自然条件使内蒙古许多农产品、畜产品，如谷物、玉米、大豆、甜菜、油料、奶类产品、山羊绒、绵羊毛、绵羊皮、羊肉等质量优异，享有盛誉，内蒙古牛奶加工量、羊绒加工量和羊肉加工量居中国第一位。内蒙古地域辽阔，景观殊异，旅游资源丰富，既有秀丽、奇特的自然景观，也有许多文物古迹等人文景观，更有多姿多彩的少数民族民俗风情和文化艺术，每年都能吸引成千上万的俄蒙游客前来旅游、观光、度假。内蒙古极强的地域性造就了多维度的地域特色。除特色资源外，游牧、农耕和藏传佛教汇聚的多元文化环境、多民族兼容聚居的乡土生活方式和民情风貌、"因庙而建，因商而兴"的宗教性和民族性城镇空间，都作为特色生产力的要素构成，贯穿于特色小城镇培育的全过程。这种资源为建设内蒙古边境特色小城镇、推进中蒙俄经贸合作提供了物质保障。

强大的资源优势是内蒙古特色小城镇发展的又一核心要素，并以旅游服务为代表的资源产业化作为要素在资源型产业结构下的特色表征。其培育现状表现在以下几方面：一是针对特色自然和人文资源的文旅开发。例如，呼伦贝尔市莫尔道嘎镇境内有保存完整的原始森林，结合当地文化开展对森林旅游的多层次开发，化优势为特色。二是针对在地化生长农牧产品的产业升级。例如，赤峰市敖汉旗下洼镇，利用互联网平台打造了集沙棘种植、采集、加工生产和营销的一体化运营模式，走出了一条乡土农业的特色化道路。三是针对交通区位优势的功能服务延伸。例如，通辽市舍伯吐黄牛小城镇利用国道、县道、铁路在辖区内交汇贯通的交通优势，发展商贸物流，实现了一站式的黄牛产销。

3. 经济基础

中国正处于以供给侧结构性改革为主线的经济结构调整期，中蒙俄经贸合作必将为内蒙古尤其是内蒙古边境特色小城镇的产业结构调整提供重要的支持和动力。目前，中蒙两国货物运输的95%、中俄陆路运输的65%都经过内蒙古口岸。内蒙古对俄蒙贸易占到内蒙古对外贸易的50%左右。中蒙俄之间的贸易总额不断上升，合作领域逐步拓宽，不仅是因为外交关系的日益密切和经济全球化的加强，更为重要的是中蒙俄三国的经济结构具有很强的互补性，有很大潜力能在众多的产业部门全面提升合作规模和水平。

城市建设固定资产投资规模也在不断扩大。虽然中国边境城市前期发展落后于其他城市，但自实行沿边开放政策后，边境城市抓住发展契机，扩大投资规模，积极改善城市的生产生活条件和居住环境等。随着固定资产投资的增长，不但进行了边境城市的交通网建设，基础设施建设步伐逐步加快，而且改建旧城区，城市环境绿化、地面硬化等逐步展开。随着边境城市建设的进行，城市的保障性安居工程得到了改善，对周边牧区、工矿区建设的投资逐步提高，社会事业投资稳中有升，有关退耕还牧、治理草原生态、工矿业污染治理等生态环境建设的投资力度也逐步加大。边境城市发展形成了一个模式，城市建设固定资产投资增大，会带动社会投资增多，两者相辅相成，不但弥补了经济发展中的不足，而且为边境城市的经济发展奠定了基础。

城市建设与基础设施建设完善。中国边境城市聚集程度低，城市功能相对单一，不但文化、娱乐、科技、卫生落后于内陆大城市，其公共设施和环境美化等城市基础建设方面，也无法与内陆大城市相比。自实施沿边开放政策以来，中国边境城市建设与基础设施建设取得明显进展。随着全球一体化的影响不断加深，以及沿边开放政策的实施，昔日的边境口岸小城镇城市化程度加深，不但城市发展水平有了很大提高，边境经济合作区也初具规模。与此同时，边境城市的交通状况得到了很大改善，铁路由中心地区向边境城市延伸，公路建设四通八达，通信设施建设日新月异，边境城市的政治环境与周边局势也因此得到改善，随着国家对外开放政策的深入，和谐共生已成为我国边境城市局势的常态。

（二）动力机制

内蒙古边境特色小城镇是资源、经济和社会等要素组成的复合系统，其动力机制包括内部动力和外部动力两种类型。

内部动力是指边境特色小城镇内部现有的或潜在的对城镇发展起促进作用的因素，包括资源优势、区位优势、交通优势、经济优势、产业优势、行政优势，以及市场机制、科技进步、生态保护、城镇建设与规划管理等。对于内蒙古地区而言，资源优势在于土地、矿产、农牧产品、旅游资源等；区位优势在于内蒙古与俄蒙接壤，是沿边开放开发地带，是未来北部城镇发展的轴线，也是我国进行对外贸易和发展开放经济的重要渠道；交通优势在于内蒙古拥有较为发达的交通运输网络；经济优势在于内蒙古自治区产业转型升级为经济发展注入了新的活力。另外，内蒙古地区是以蒙古族为主体的少数民族聚居区，民族文化特色鲜明。北方游牧民族繁衍生息，创造了灿烂夺目的蒙古族文化。在各民族长期的共同发展中，草原文化、汉文化、召庙文化高度融合，构成了各城镇丰富的文化内涵。各民族生活习惯、宗教信仰、文化活动的差异，亦使小城镇的民族风情绚丽多彩，不仅成为内蒙古小城镇建设的特色，而且是其持续发展的源泉之一。

外部动力是指内蒙古边境特色小城镇外部现有的或潜在的对城镇发展起推动作用的因素，包括中心城市的扩散与吸引、外围市场带来的发展机遇、政府政策的调控、工业化的推动作用、区域基础设施的建设、资金投入、人力资源的开发以及经济全球一体化的拉动作用等，国家和地方政府的扶持与优惠政策对内蒙古边境特色小城镇的建设和发展亦起着决定作用。内蒙古地处两北边疆，又是我国成立最早的民族区域自治地区，国家对沿边与民族地区经济发展、城镇建设方面给予了优惠政策，开发战略逐步西移。同时，中央实施"积极发展小城市尤其是小城镇"发展战略，进一步发展东部地区同中西部地区多种形式的联合与协作，重视和积极帮助少数民族地区发展经济，鼓励国内外投资者到中西部投资，为内蒙古小城镇的全面发展提供了良好机遇。在城乡统筹发展的背景下，内蒙古特色小城镇建设的市场拉动力主要来源于旺盛的外围市场需求，因为市场决定资源配置的方向，市场容量决定资源配置的规模，因此对于建设内蒙古特色小城镇而言，特色产业的市场需求旺盛，无疑给特色产业规模化、集聚化带来了更大的机遇，进而产生了强大的市场拉动力。

二、影响因素

中蒙俄经济走廊作为中国"一带一路"建设的重要内容，既是全方位深化与俄罗斯、蒙古国合作的重要通道，也是联通东亚经济圈和欧洲经济圈的重要桥梁。内蒙古作为中国北部边疆省区，联通俄蒙，区位独特，是中蒙俄经济走廊的重要节点，在中蒙俄经济走廊建设中发挥着不可替代的重要作用。内蒙古边境特色小城镇发展的影响因素众多，按其作用机理可分为两类：一般影响因素和特殊影响因素。一般影响因素根据分工理论、产业集聚理论及城市化发展规律等理论，可概括为经济因素和政府政策两类。内蒙古边境特色小城镇发展的特殊影响因素与内蒙古内部因自然条件差异大、地形复杂、人居分散、交通不便导致的行政管理跨度和难度大、基础设施建设困难等有关。经验表明，高寒地区建造同样质量要求的工程造价比一般地区高20%左右。宗教、民族、社会安定和资源型产业聚集等因素对内蒙古边境特色小城镇的发展均有特殊影响。

（一）一般影响因素

1. 经济因素

经济发展是城镇产生和发展的首要前提，也是城镇发展的根本动力。经济区位对内蒙古边境特色小城镇的发展也具有显著影响，经济区位是指特色小城镇与经济中心的距离。距离越近，资源共享、技术共享的能力就越强，更享受到周边地区带来的正外部性，加快推动特色小城镇的发展。农业为边境特色小城镇的发展提供了坚实基础；工业化加速了边境特色小城镇的发展进程，是边境特色小城镇发展的根本动力；服务业作为带动经济健康快速发展的主要产业，成为边境特色小城镇发展的强劲动力。区域经济的发展与内蒙古边境特色小城镇的建设具有相关性，区域经济水平的不断提升会促进边境特色小城镇的发展，边境特色小城镇的长远建设也会作用于区域发展。内蒙古与蒙古国、俄罗斯两国在能源、资源、经济产业结构等多方面具有互补性，发展潜力巨大。内蒙古边境特色小城镇在外向型经济的主导下，经济结构不断优化，经济发展迈向更高的台阶。

2. 政府政策

政策支持是特色小城镇得以创建的重要前提和支撑保障。政策是影响特色小城镇空间分布的重要因素之一，国家、地方政府的政策导向对内蒙古边境特色小城镇的布局和发展影响深刻。国家层面上，基于空间公平原则，国家制定各项政策促进内蒙古东中西区域的协调发展以及城镇化建设，特色小城镇在内蒙古各个地级市基本都有一定数量的分布。省级层面上，特色小城镇空间分布特征与省级层面的政策支持也关系密切。

政府政策及制度除在小城镇的空间分布上发挥一定作用外，也是影响城镇发展水平和发展速度的重要因素之一。当政府政策与边境特色小城镇的自然发展过程相适应时，就能够促进边境特色小城镇规范有序发展，反之就会阻碍边境特色小城镇的发展进程。振兴东北老工业基地战略、西部大开发战略和"一带一路"的深入实施，以及国家进一步促进内蒙古经济社会发展、沿边开发开放、中国东北与俄罗斯远东地区合作战略、中俄蒙合作先导区、内蒙古蒙东重点产业规划等持续发酵的政策，为内蒙古边境特色小城镇承接新一轮产业转移、优化经济结构提供了良好的宏观经济大环境。

（二）特殊影响因素

1. 地理环境

地理环境指自然地理环境，地理环境对人类的发展具有广泛的影响，是一个地区赖以生存的最基本的条件，也是形成区域特色的重要因素。工业区位理论强调地理环境、空间布局、环境资源的作用，表明地理环境与人类社会的变化发展有着必然的联系。内蒙古幅员辽阔，资源种类繁多，资源储量巨大，具有强大的资源优势，是我国矿产类型比较齐全的省区之一。资源为内蒙古边境特色小城镇发展提供了物质基础，起着至关重要的作用。受地理环境的限制，西部地区远离内陆，交通不便利，加上自然气候等原因，地广人稀是其最显著的地域面貌，因此行政管理跨度和难度大，基础设施建设困难。但是独特的地理环境也为内蒙古带来了丰富的资源和怡人的环境，形成了种类繁多的自然景观。

2. 社会因素

城镇基础设施是指为社会生产和居民生活提供公共服务的物质工程设施，是用于保证国家或地区社会经济活动正常进行的公共服务系统，也是社会赖以生存发展的一般物质条件。完善的基础设施对加速社会经济活动、促进其空间分布形态演变起着巨大的推动作用。

资源型产业集群是指依托独占性自然资源，通过自然资源的开采、加工和消耗来实现企业的聚集，通过深度专业化分工，形成完整价值链条，健全产业支撑体系，带动区域经济协调发展的产业空间组织形式。内蒙古在现有资源型产业的基础上进行整合，推动资源型产业向集群化方向发展。对于边境特色小城镇而言，实现资源型产业集群化发展，突破企业和单产业的边界，形成具有竞争力的特色经济组织是非常重要的。

优秀历史文化是城镇发展进步的珍贵遗产，也是城镇的精神与血脉。文化传承是建设国家级特色小城镇的重要参考标准之一。因此，地区历史文化要素在特色小城镇特别是旅游发展型、历史文化型及民族聚居型特色小城镇的空间布局方面也起着重要作用。内蒙古属于少数民族聚居区，至今仍有部分少数民族依旧保持着其民族的语言和习俗等。这种文化的延续与保留是内蒙古保持民族特色的前提，形成的民族向心力是该地区长治久安的基础。城镇特色是文化的积淀和文明的标志，小城镇的发展也离不开文化的影响，尤其在当前建设民族文化大区的决策下，挖掘富有特色的地方文化，将对小城镇特色的发展产生巨大的推动作用。城镇文化建设将有价值的文化和历史融入到新时代的精神风貌之中，为城镇化的推进奠定了坚实的文化基础。城镇文化建设既是边境特色小城镇建设的重要组成部分，也是其发展必不可少的保障力量，应当引起我们的高度重视。内蒙古历史文化厚重，旅游资源丰富，概括起来有十大景观，即草原、森林、沙漠、河流、口岸、温泉、冰雪、边境线、民族风情、历史古迹。其中不乏世界级精品。

第七章

内蒙古边境特色小城镇建设路径及对策

一、内蒙古边境特色小城镇发展的总体目标

中蒙俄经济走廊建设是国家"一带一路"建设的重要组成部分，在六大走廊建设中的战略地位不断上升，政策安排不断细化。中俄蒙三国在塔什干共同签署了《建设中蒙俄经济走廊规划纲要》，标志着"一带一路"框架下首个多边规划纲要正式实施，体现了三国在区域合作上具备更优越的基础条件和更多的共同利益契合点，具有推进"一带一路"建设的更多率先示范意义。这为内蒙古带来了千载难逢的战略机遇，同时也提出了更高的要求。内蒙古作为"中蒙俄经济走廊"建设的重要组成部分，应充分发挥参与中蒙俄经济走廊建设的综合比较优势，突破中国同俄蒙的"政热经冷"局面。需要找准和破解中蒙俄经济走廊建设的制约因素，全面深化与俄罗斯、蒙古国的合作，为"一带一路"建设和中蒙俄经济走廊建设做出更大贡献。全面贯彻党的十九大精神，以习近平新时代中国特色社会主义思想为指导，坚持以人民为中心，坚持稳中求进工作总基调，坚持新发展理念，坚持使市场在资源配置中起决定性作用和更好发挥政府作用，以引导特色产业发展为核心，以严格遵循发展规律、严控房地产化倾向、严防政府债务风险为底线，以建立规范纠偏机制、典型引路机制、服务支撑机制为重点，加快建立特色小城镇高质量发展机制，释放城乡融合发展和内需增长新空间，促进经济高质量发展。

特色小城镇建设要注重体现自身的特色。在建设的过程中，要深度挖掘具有发展优势以及潜力的产业。每个区域的特色不同，比如沿海发达区域，其发展新兴产业以及创业空间的基础条件较好。在对特色小城镇建设进行规划时，除了要精准定位、明确自身特色外，还需要合理安排用地、做好基础设施配套建设，统筹安排，科学规划。特色小城镇规划是集小城镇适用的产业规划、小城镇的人居环境规划及风貌设计、基础设施规划、文化挖掘研究、旅游规划、新技术的应用、体制机制创新和规划建设管理的行动计划为一体的综合规划，在空间落地方面是策划、产业、文化在空间关系上的反映；和传统的城市规划不同，它是全新的、不一样的规划，不是传统意义上的空间规划；是一个麻雀虽小、五脏俱全的综合规划，是在城市规划中所不能也不宜叠加在一起的建设指引规划。

二、内蒙古边境特色小城镇建设路径

特色小城镇是连接城市和农村的重要纽带和平台。在产业创新驱动的前提下，特色小城镇打造的是一个宜居宜业的空间载体。在这个空间载体里，既要有良好的生存空间，又要有良好的公共服务。精准治理应着眼于让小城镇居民生活更加美好这一目标，承认居民的主体地位，吸纳与其特色相关联的多方参与主体，使其成为市场化的第三方。特色小城镇的发展可以从国家和政府、企业、小城镇居民三个方面入手，全方位把控，保证各个环节相互贯通，确保特色小城镇的持续发展。

（一）国家和政府支持路径

政府是特色小城镇发展的最主要推动者，特色小城镇的发展不仅可以推动地方经济的快速发展升级和就业人口的聚集，也给政府带来了巨大收益。民族地区小城镇经济发展水平大多较为落后，政府参与并合理规划城镇建设、引导产业发展，对小城镇的早期发展至关重要，新型特色城镇化的发展离不开政府政策的倾斜、对城镇的规划，以及商贸流通、经济合作等制度制定。健全、合理的城镇内部机制是城镇发展的制度保障，能有效地调动城镇内部各项经济要素，激发城镇发展潜力，能使城镇利用后发优势赶超发达地区，也能促使城镇依靠自身力量实现经济的可持续发展。同时，内蒙古地处我国边境，要注重发展口岸经济，国家和政府要制定一系列合作计划，推进与其他国家的经贸合作。

目前，内蒙古自治区已经有 12 个小城镇入选国家级特色小城镇建设名单，并且从 2016 年开始，内蒙古自治区级特色小城镇推荐工作也已经正式开启，自治区级特色小城镇将纳入内蒙古自治区的专项规划资金预算中，目标是到 2020 年创建培育 50 个左右具有鲜明内蒙古文化特色的小城镇。但是内蒙古特色小城镇建设的政策依据还十分有限，自治区级文件仍然仅有 2 个，并且许多特色小城镇尚未完成小城镇建设规划的编制工作。内蒙古应当结合地方实际，继续出台和完善政策性指导文件，及时跟进特色小城镇创建中的问题，并从政策层面进行引导和规制，让小城镇建设有所依据，构建比较完善的地方性政策体系。鼓励全面优化营商环境，加强指导、优化服务、开放资源。创新财政资金支持方式，由事前补贴转为事中、事后弹性奖补。优化供地用地模式，合理安排建设用地指标，依法依规组织配置农业用地和生态用地，鼓励点状供地、混合供地和建筑复合利用。合理配套公用设施，切实完善小城镇功能、降低交易成本。推行特色小城镇项目综合体立项，允许子项目灵活布局。鼓励商业模式先进、经营业绩优异、资产负债率合理的企业牵头打造特色小城镇，培育特色小城镇投资运营商。

特色小城镇建设不仅是国家新型城镇化发展战略的组成部分，还是地方政府充分调动有利资源服务于经济社会发展的需要，对政府职能履行方式和社会管理体制而言都是一次重大创新，地方政府应积极探索实践，服务于小城镇建设的需要，制定符合实际的特色小城镇建设规划。

（二）企业发展路径

特色小城镇发展如火如荼，众多企业扎堆进入特色小城镇。企业目标的核心是利润最大化，它与居民的追求在本质上不符。企业作为促进整个地区经济发展的主要动力源，在整个小城镇的建设过程中发挥着重要作用，企业的高效发展能够为小城镇的发展提供强大的动力支持，包括资金、技术、人力方面的帮助，一个发展良好的小城镇必然拥有众多有竞争力的企业作为后盾。但是现阶段，在小城镇的建设过程中企业发展还存在很多问题，尤其是房地产企业与提供资金支持和服务的企业。因此要针对相应问题，从促进产业主体探索转型模式发展产业和拓展融资渠道、提供资本支撑两个方面推动小城镇的企业建设，保证企业拥有长效发展的动力。企业作为小城镇的主体，其存在的意义首先应该是能够为小城镇带来财富、带来资源。产业集聚效应该是与人们的生活水平、生活方式融合形成的，这样的产业集聚才有旺盛的生命力。企业的发展路径有以下几条：第一，旅游产业与其他相关产业之间的融合可以产生大量的经营项目收益，如"旅游＋

文化""旅游＋体育""旅游＋健康""旅游＋养老养生"等泛旅游消费收益。乌镇是景区盈利的典型代表,其经营模式被誉为行业典范,整个古镇都以景区的形式围起来,在入口处售卖门票,分为东栅和西栅,票价为东栅100元、西栅120元、联票150元。走入乌镇会发现各类商户的业态并不重复,分布科学,注重与古镇定位相符的业态,比如手工艺店、特色客栈、传统餐饮等,会根据酒吧区、小商店区、传统工艺区等进行分布,每个细分业态只有一家店,避免商户间的恶性竞争。偏重旅游的特色小城镇,旅游消费产业链完善,上下游产业核心都掌控在投资者手中。第二,以地产运作的理念打造小城镇。从企业角度来看,这的确是一个快速实现投资回报的模式,且通过特色小城镇政策可以获得土地,这也是不少房地产等开发商进入特色小城镇开发的原动力,因此这也是一种较为重要和普遍的盈利模式,更多的是由地产商或地产主导的投资商操盘,在开发地产的同时,配套度假型项目实现盈利。碧桂园科技小城镇是一个典型例子,小城镇计划投资总额约1300亿元,其规划创新小城镇产业用地、产业配套用地、生活配套用地比例大致为3∶3∶4。通过一定程度的地产开发用地和产业用地的配比,开发商可以以短平快的地产收益平衡见效慢的产业开发支出,长短相济,长远发展。第三,特色产业项目开发,将涉及科教文卫等产业导入及产业园、孵化园等的开发。旅游产业项目开发,包括旅游吸引核项目(如主题公园)、休闲消费聚集项目(如休闲商街)、夜间休闲聚集项目(如水秀表演等),通过项目的持续运营获得经营收益。小城镇自身能够依托优势产业形成产业盈利链条,同时与旅游结合实现盈利。该类型的小城镇一般自身产业基础较为雄厚,需要充分结合已有产业优势,进行适度旅游产业融入、功能拓展和环境营造。比如景德镇陶瓷小城镇,将陶瓷产业与旅游产业融合,打造陶瓷制作、陶瓷博物馆、陶瓷文创、陶瓷转盘等,形成较为丰富的盈利点,达到产业持续经营收益、特色产品持续产出收益的效果。第四,基础建设,指土地整理和公共基础设施的工程建设收益。如开发企业受政府委托对小城镇范围内的土地进行统一的征地、拆迁、安置、补偿,并进行适当的市政配套设施建设,变毛地为熟地后,通过政府回购,获得盈利。

当前,特色小城镇建设已经成为势头强劲的产业风口,为经济创新发展带来新的机遇。政府、开发企业因其介入角色的不同,在特色小城镇的建设中形成了不同的盈利点和盈利模式,双方合作共赢,才能让特色小城镇焕发生机,从而实现可持续发展。

（三）民众支持路径

　　城镇的健康发展不仅需要科学的规划设计和完善的政府管理，在落实的过程中，更需要民众、政府、规划单位等多个主体单位相互配合、相互监督。在城镇的建设过程中，民众的参与至关重要，因为民众是一个城镇最重要的组成部分，他们有权利在城镇建设过程中提出自己的意见和建议。目前在小城镇的建设过程中，民众的参与度相对较低，常出现意见被忽略的问题，因此要更多地让公众参与到特色小城镇的规划和建设之中，充分发挥人民群众的主体地位。特色小城镇建设要做到以人为本，其建设运营必须围绕让居民生活得更好这个基本目标。这是特色小城镇建设的一般性原则。一个小城镇再有特色，也需要承担起作为地域性社会生活共同体的责任，只有建立了人们工作生活的美好家园，才能开展产业经济活动。经济发展、产业升级都只是手段，其目的还是要提升人口要素的生存质量。特色小城镇的发展模式是"政府引导、企业主体、市场化运作"，其中最根本的因素就是要处理好政府与市场的关系，厘清政府职能与市场职能的边界，政府不能"缺位""退位"，市场也不能"越位""错位"。另外，小城镇建设要始终坚持"以人为本"的发展理念，在政府和市场的合作之余，社会公众等第三方主体的参与对特色小城镇的建设也至关重要，作为生活在小城镇中的居民，不仅直接参与特色小城镇的建设，还直接享有小城镇建设的成果，以及承担小城镇建设可能带来的风险。因此，在政企协同治理小城镇的过程中，小城镇居民的参与，以及承担起监督和共同管理的职责也是需要跟进之处。

　　小城镇居民参与监督，一方面是直接参与对特色小城镇的建设过程，特色小城镇"以人为本"的建设理念就是要把人的最终发展作为小城镇建设的目标，只有提高人们的生活水平，人的综合素质得到发展，建设特色小城镇才能起到应有的作用。因此，小城镇居民作为小城镇中最基本的构成要素，要积极参与到小城镇的建设过程中，为特色资源挖掘和产业发展做出贡献。另一方面，作为特色小城镇的利益主体，小城镇居民有权利对小城镇建设的各个环节进行监督，避免政府的"企业化"，也要避免企业的"市场化"。特色小城镇中的企业不仅是商业性地进行小城镇建设，还承担了一定的公益职责；政府虽然只是起到引导作用，但并不意味着完全退出小城镇建设，而是更加强调政府"公共性"的扩散，在小城镇建设的全过程中，积极引入第三方社会主体，完善公众参与机制，负责特色小城镇的共同管

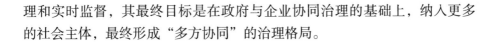

理和实时监督，其最终目标是在政府与企业协同治理的基础上，纳入更多的社会主体，最终形成"多方协同"的治理格局。

三、内蒙古边境特色小城镇发展的具体措施

（一）共同对策

1. 加强边境特色小城镇基础设施建设

完善的基础设施是经济正常运行和健康发展的物质基础，有利于改善人居环境，提高城镇综合承载能力和城镇运行效率，能够保证边境特色小城镇的健康长效发展。小城镇企业的生产、居民的生活都依赖于这些基础设施，因此，西部地区小城镇有必要大力加强基础设施投资与建设。发达国家城镇化快速发展的一个主要原因是基础设施的高度完善，早在 20 世纪，发达国家借助第二次工业革命和第三次科技革命的浪潮，完成了工业化和现代化建设，形成了完备的基础设施体系。因此，可以通过完善的基础设施和社会服务体系为小城镇聚集大量的人力、物力和财力资源，使小城镇经济的发展拥有更多的支撑力量。尤其要形成完善的交通网络系统，使各种资源更加便捷地流通，减少交易成本和时间。美国和日本城镇化的快速发展依靠的都是强大的基础设施和完善的公共服务体系。

中蒙俄边境地区的特色小城镇具有得天独厚的地理优势和资源优势。政府在规划小城镇的过程中，要加大财政对小城镇建设的支持力度，合理布局发展项目，不断加强基础设施的改造升级。同时，政府部门要加强与当地优秀企业、银行等金融机构的合作，保证边境特色小城镇基础设施的正常建设和维护。

其一，发挥市场机制作用，吸引民间资本。充分发挥市场机制在资源配置中的决定性作用，采用市场化手段，积极鼓励和引导社会资本和国外资金以多种方式参与到建设、经营和管理小城镇的过程中来。积极探索利用多种投融资模式，在小城镇基础设施建设中，针对经营性项目及准经营性项目可以采用资本市场融资模式，针对非经营性项目则以政府投入为主。所谓融资，即建设—经营—转让，是指企业或个人以政府授予的特许权为基础，融资建设某基础设施项目，并在规定的时期内经营该项目，到期回收投资并获得利润，期满后将项目所有权移交给政府。

融资模式，即建设转移，是一种集融资、建设、管理、运营、维护全

过程于一体的项目建设模式。政府通过合同将项目的融资和建设特许权转让给投资方，由投资方负责项目的融资和建设期管理，合同期满时，政府按照合同的约定从投资者那里回购建设项目，投资者从而收回投资收益。这两种融资模式都可以有效提高项目建设效率和经营管理效率，同时减轻了政府基础设施建设的资金压力，有利于动用竞争机制、价格机制、风险机制和利益调节机制来调节城镇化进程中社会公众产品的供给不足等问题，不仅不会影响国有资本对一些关系国计民生领域的控制，还会促进政府投资职能的转变。

其二，加快推进价格、收费制度改革。推进基础设施建设和公用事业价格改革，形成以市场为主导的价格形成机制，有利于为基础设施更新换代积累资金。同时，对公用事业收费价格进行改革有利于节约能源资源，保护环境。

其三，转变市政公用事业企业经营机制。要根据城市基础设施并非全都具有垄断性的特点，根据保本微利的原则完善公用事业的价格体系，逐步放开城市生活设施的服务价格，增强市政公用事业投资经营的吸引力，促进公用事业逐步走上市场化的良性发展轨道。逐步把市政维护、环卫清洁、绿化养护等管理推向市场，让市场去选择合格的经营管理者，提高管理效率。加大投资力度，打通各省、市、区的区域内旅游小城镇、历史文化名镇、边贸小城镇与国道、省道等交通骨干网络的节点，提高辐射片区的省道、地方公路等级，全面改造升级乡村水、网、电、路，清除乡村"死角"。建设边贸小城镇的汽车站、农贸市场、批发市场、卫生院、便民服务中心、餐饮、住宿等配套设施，做亮小城镇门面，提升小城镇客运与货运的承载力。统筹规划，建好小城镇特色文体娱乐设施，打造一批集休闲娱乐、文化体育活动于一体的文化广场、文化馆、体育场，吸引来客眼球，增加体验互动，丰富百姓生活。通过 BOT（建设—经营—转让）、BOO（建设—拥有—经营）、BOOT（建设—拥有—经营—转让）、ABS（资产收益抵押）等形式引进社会资本，对小城镇规划范围实施整体性开发，创新政府＋业主＋社区（社会）组织＋市民的小城镇建设管理模式。建立由政府牵头，企业、私营机构和个人参与的小城镇建设咨询委员会，举大众智慧，为小城镇建设出招献计。实施"文化移民工程"，对大学毕业后自愿回到家乡服务五年的大学生给予免除全部学费的政策支持；设立国家"贫困地区创业计划"，鼓励高校毕业生到片区创业兴业，为小城镇建设集聚各类人才。创新小城镇治理模式，探索聘请政治素质高、责任心强的企业负责人挂职城镇政府有关部门，直接参与小城镇规划制定、建设管理，形成小城镇建设的利益共同体。

同时，完善公共服务体系，完善特色小城镇发展环境。一是进一步深化城乡医疗卫生体制改革，加快推进一体化的公共卫生服务体系建设，建立一批水平高、设备完善的区域性医疗卫生服务中心和社区卫生服务站，着力解决居民特别是偏远地区群众"看病难""看病贵"等问题，联系主城大型医院，定期开展"药品下乡""义务会诊"等免费医疗体验活动，为乡镇医生进修学习开辟绿色通道，形成市区医院与社区卫生服务站点合理分工、相互合作的医疗卫生服务体系。二是在国家促进信息消费政策的驱动下，采取地方政府补贴一点、区县政府筹集一点、民间资本投入一点、营运商优惠一点的办法，运用感知技术、网络技术和IT技术，高起点打造物流网络、信息网络、能量网络，增添产业发展和宜居生活的智慧磁力。三是国家、地方、社会资本齐头并进，高标准建设好给排水、垃圾处理、环境治理等公共基础设施，完善医院、中小学、幼儿园、文化体育等配套设施，增强生活服务功能，为更多人群安于落户小城镇创业兴业创造良好条件。

2. 完善多元主体监督，政府精准引导

政府在中蒙俄地区的边境特色小城镇建设过程中，应该由主导变为引导，引进多元主体进行监督，使市场、企业、社会等共同为边境特色小城镇的建设发展提供助力，实现小城镇的可持续发展。当然，政府引导必不可少，企业和个人都是逐利的，容易在经济发展的过程中浪费大量资源。政府应该进行精准引导，做好顶层设计，精准施策，考虑多方主体的主张与意见，建设服务型政府平台，并进行科学规划，从而保证小城镇的长远发展。特色小城镇应在发展过程中保持自己的特色，选择适合自己的发展道路，从而拥有强劲的发展动力。潍坊市的小城镇结合当地经济水平和区位优势，寻找各自的发展突破口，如地处寿北开发前沿的寿光羊口镇，根据自己的地理位置优势，明确提出建立"滨海新城"的目标；青州庙子镇依托良好的旅游资源，将旅游业定位成该镇经济发展的重要驱动力之一，招商引资，加强基础设施建设，建设了优美的泰和景区。除这两个小镇以外，其他小城镇也制定了符合自身实际情况的发展规划，潍坊市布局合理、环境优美、拥有较强承载力，其城镇化水平和质量不断提高。

3. 注重宣传，大力开发市场

中蒙俄边境地区特色小镇区域资源差异较大，文化底蕴各有不同，发

展路径各具特色。应在把握好本地文化、资源、地理位置等优势的基础上，开发独具特色的产品，加大推广力度，树立品牌效应，做大、做精、做优产品项目。在政府精准引导下，推行产业集群化发展，形成市场规模。应注重宣传，通过报纸、杂志、网络媒体等渠道将该地区的民族文化、美食文化、农耕文化、民俗风情介绍给大众。同时，政府应制定相应的法律法规，正确规划和引导中蒙俄边境地区边境特色小城镇的发展。

特色小城镇的营销层次与体系不应局限于传统的销售模式，还可以借助"互联网+"，运用新兴媒体紧跟时代潮流。在营销策略上，可以从相关事件与话题展开，向潜在受众与目标受众源源不断地传递特色小城镇的多方位形象与其背后的人文内涵，以此在受众心中留下鲜活生动的小城镇印象，这对于旅游资源较丰富的特色小城镇作用较大，能够提升文化旅游名片的质量和旅游市场的客源量。在小城镇宣传上，运用互联网技术实施精准营销。运用O2O新型商业模式重建、升级与旅游者的连接，充分发挥移动互联网等新技术的优势。积极运用微信公众号平台、快手直播平台、抖音短视频以及微博媒体平台，通过自媒体平台进行一系列宣传的营销模式。另外，可以将特色小城镇的创新性产品增加到新兴的网络平台上，比如美团网、驴妈妈旅游网、去哪儿旅行网，提高与游客们的沟通互动，为其提供个性化服务，满足游客们的真正需求。在大数据发展迅猛的时代背景下，对不同特征的游客的个人消费习惯与行为进行洞察与分析，从而真正实现精准营销的目标。多方位构建现代化营销体系，使得有关小城镇的信息资源能够在网上随时被浏览。构建立体化网络营销体系不仅冲破了时空的枷锁，还最大程度地扩大了信息传播交流的范围。因此，特色小城镇应该利用互联网进行多元化的网络营销，通过短视频、微电影等传播方式，向游客们推广小城镇。

4. 发展特色产业，调整产业结构

选择和培育有小城镇特色的主导产品和支柱产业。一个地区只有拥有自身的特色产业才能更具竞争力。根据产业竞争力理论，小镇在建设和发展的过程中要以自身资源状况为基础，走符合自身发展情况的发展路径，在发展过程中着重强调小城镇的区域发展特色，形成具有独特性和规模化的产业，最终形成支柱产业，从而使得该地区的产业较其他地区和国家拥有比较优势。区域特色经济能够迸发强大的生命力，为小城镇的建设提供强有力的支持，具有地域化、专业化、产业化、集群化的特点。

例如，美国就很重视小城镇的特色化建设，建立了许多特色经济集聚区。如硅谷在开始时仅是一个海军研究基地，后来通过政府实施的人才引进政策和鼓励创业政策，开始集聚各种高新技术企业，成为著名的高新技术研发区和文化创意实践区。同时，硅谷拥有三所世界著名大学，为高新技术和产业的发展提供了更多的高质量人才，成为圣何塞市乃至全旧金山的经济文化中心，成为名副其实的"IT小镇"，是很多小城镇发展参照的样本。意大利中部和东北部的小镇也是一个较为典型的案例。这里聚集了大量的中小企业，它们主要发展传统加工制造业，以一项经营活动为中心，各中小企业建立起相互信赖、较为稳定的协作关系和产供销体系，这种体系提高了专业化水平，极大地提升了竞争力。这些案例表明了小城镇特色化建设的重要性。我国块状经济的发展历程与国外区域特色经济的发展十分相似，可以借鉴相关经验，如强调特色产业的发展，通过特色产业带动小城镇经济发展。

同时，还应充分发挥龙头企业的作用。根据产业链理论，产业链的延长可以提升产业竞争力。龙头产业要发挥带动作用，延长产业链条，推动已存在的产业链尽可能地向上下游拓延展伸，加强产业链的完整性，推动特色产业转型升级。龙头企业在发展过程中，要使其部分核心业务与小镇的发展相协调，建立一个具有发展潜力的良性生态系统，并且逐渐提高其创新水平。在这方面做得比较成功的案例就是浙江省杭州市西湖区云栖小镇。云栖小镇顺应当今大数据快速发展的趋势，以云计算为其科技核心、以阿里云计算为龙头，旨在通过云计算发展模式，建设云计算产业生态小镇，尤其强调科技和人文特色，事实证明这种发展模式具有很强的竞争力和发展潜力。因此，在小城镇的建设过程中要注重培养特色产业，发挥龙头企业的作用，加强基础设施建设，协调特色产业发展中各方面的利益，优化产业结构，维护居民利益，促进小城镇的发展。

打造特色产业链条，形成集聚效应。特色小城镇不同于其他小城镇之处就在于"特色"二字，这种特色体现为作为国家发展战略的特殊性，即特色小城镇建设是一项国家层面推动的"自上而下"的改革。另外，特色小城镇的特色还表现为产业与文化的深度融合。特色小城镇的发展包括不同的功能类型，无论是哪一种功能类型，都要兼顾好产业与当地特色的关系。如果只是单纯地发展产业，不能体现小城镇的特色之处，那么就曲解了建设特色小城镇的原意。如果只是弘扬地方文化，忽视了产业的带动辐射作用，那么就是舍本逐末，不符合新型城镇化战略的要求。因此，特色小城镇建设要着重打造特色产业链条，注重产业的独特性、关联性以及辐射性，加大研发力度，注重对传统产业的改造升级，结合互联网等新兴技术，做好特色产业的规划与投资等。打造特色产业链条，要坚持拓宽产业长度，延长产业链，形成主导产业，引导众多优势企业入驻，形成产业集聚效应，为当地创造更多的就业岗位，带动当地经济发展，提高人们生活水平。

培育壮大生态产业，发展绿色特色小城镇。一是各省、市、区要根据自身实际切实推进生态工业园区软环境建设，创新园区"一站式"管理模式，开辟生态项目审批绿色通道，优化创业创新环境，切实减轻企业负担；淘汰现有园区落后产能，盘活土地存量，为绿色产业发展壮大开辟新空间。二是依托本地优势，加大招商力度，引导有实力的企业落户发展绿色产业。有条件的小城镇要建立"青年回乡创业园""扶贫创业孵化器"等，吸纳本地外出务工人员带技术、带资金、带团队回乡，落户小城镇兴办实业。三是兴办由政府发起、金融机构参与的绿色银行，鼓励金融机构通过对生态产业技术、专利等无形资产进行资产评估，实现抵押融资，破解投融资难题，加速将生态资源转化为生态资本，将生态资本转化为生态产业，培育新的经济增长点。四是支持有创业激情的行政管理人员和科技人员离岗带薪到小城镇领办绿色企业，参与生态产业开发，加大对生态产品原料基地的科技、资金投入，对接农业院校和科研院所，构筑产学研合作链，因地制宜做大做强生态原料基地，择优培育生态龙头企业，丰富产品种类。五是在税收、担保等方面给予生态企业政策优惠和创业补助，让生态产业戴上"安全帽"，系上"保险带"。六是结合各省、市、区形成的多元化旅游需求，优化硬件设施，完善配套功能，整合资源，打通节点，构建旅游循环网络，形成集观光、体验、休闲、度假、养生于一体的生态旅游大格局。七是鼓励当地绿色企业参与特色旅游小镇的主题开发和设施建设，变被动为主动，促进旅游产品提档升位，提升小城镇整体旅游形象，以产促旅，推动产业集群联动发展。

（二）不同主体具体措施

1. 国家和政府支持措施

（1）政府积极参与城镇化建设，建立健全城镇内部机制，建立完善的规章制度。在城镇化快速发展的过程中，国家和政府应始终发挥主体作用，不断通过健全法制体系来落实国家城镇化战略的相应实施，并保证一些公共政策能够落到实处。例如，提供更加完善的基础设施和公共服务改善城市的卫生环境。针对城镇化建设过程中出现的具体问题，政府要采取必要的行政手段和财税手段纠正，从而弥补市场机制的不足之处。积极引导城镇化与市场化、工业化的协调发展，国家和政府通过不断完善城镇化发展的体制机制，促进区域结构调整和升级。在这一点上做得比较成功的是美国。在美国，小城镇建设资金由联邦政府、地方政府和开发商共同承担。联邦政府负责投资建设连接城镇的高速公路；州和小城镇政府筹资建设小城镇的供水厂、污水处理厂、垃圾处理厂等；开发商则筹资建设小城镇社区内的交通、水电、通信等生活配套设施。在美国，环境建设是小城镇建设的主要内容之一。美国的环境建设内容较为广泛，并不仅仅局限在园林绿化方面，更注重城镇景观环境的设计。此外，美国的小城镇建设非常重视环保设施的建设，基本上解决了环保问题，给小城镇提供了一个可持续发展的社会经济环境。追求个性、重视城镇特色是美国小城镇建设的特点之一，使得各地的小城镇均有不同的风格和面貌，不存在千城一面、万镇雷同的现象。"三分建设，七分管理"，一个好的城镇更需要好的管理。美国的城镇建设管理经验主要有两点：一是拥有健全完善的规章制度；二是依法办事，违法必究的管理作风。

近年来，我国小城镇在发展过程中，由于部分政府片面追求利益最大化，强调发展速度，忽视发展质量，出现了很多问题，例如，小城镇发展雷同化、发展后期无特色、忽略环境质量等。因此，应借鉴美国在特色小镇发展过程中的做法，完善相应的规章制度，加强政府及公众的监督，保证落实相应措施。完善的政策体系是推进小城镇建设的政策保障。国内外小城镇建设的成功经验中不乏政策体系的大力支持。例如，潍坊市结合本地实际，先后制定了《关于搞好小城镇建设，加快农村城市化进程的意见》《关于支持重点镇建设的几项政策规定》《关于进一步加快小城镇建设的决定》等一系列政策，并配套出台了针对小城镇发展的优惠政策，加快了小城镇建设的步伐。

在小城镇建设过程中，必须制定有关小城镇建设的政策、法规，健全相关政策体系。在产业政策方面：针对不同类型、不同条件的小城镇和产业，分别制定相应的金融、财政、税收等政策，特别要采取优先经济发展的政策，用适当的政策导向促进小城镇建设由无序向有序、由粗放向集约的合理建设方向发展。在管理政策方面：根据有利于小城镇建设管理的原则，理顺条块关系，要重点理顺工商、税务等管理体制，建立和完善镇级财政，强化政府的城镇建设与管理职能；适应市场经济运作的要求，适当放宽户籍政策，强化农民社会保障政策，降低农民进镇门槛，鼓励农民进镇落户。在用地政策方面：积极探索土地有偿使用制度，规范小城镇建设的土地征用制度和补偿制度，保障农民的土地权益。小城镇建设用地应服从上级安排或总体用地规划，提高土地规划的科学性，充分利用好土地资源；在保障亿亩耕地红线的前提下，积极探索宅基地与城镇建设用地置换方式，鼓励农民向市民转化，鼓励农民集中居住，节约集约利用土地。在农业政策方面：继续放开农产品市场，消除各种价格管制措施，完善农产品价格形成机制；以市场为导向，大力推动农业科技进步，加强农产品市场体系建设，提升管理水平。鼓励企业应用新工艺、新技术，加快推进落后企业的产品升级换代，提高农产品附加值和竞争力。培养和发展农民专业合作社。继续强化农户的市场经济主体地位，鼓励和支持建立各种形式的农民专业合作社，利用专业合作社的优势提高农户的讨价还价能力，凸显农民专业合作社在农业科技推广、农业保险及农村金融中的作用，逐步建立和完善"三农"服务体系。加大资金投入力度。农业是国民经济的基础，加大财政支农惠农力度，除了在政策上给予大力支持外，财政应该加大农业资金投入力度，突出重点，积极扶持优质高产高效农产品生产和加工转化。同时，加强金融机构支农惠农力度，适当增加支农贷款总量，促进农业产业结构调整。

另外，应推进城镇行政管理体制改革，在土地、财政、税收、融资等方面赋予小城镇更多自主权，激发特色小城镇发展潜力。

（2）加快政府职能转变，形成多方参与的局面。第一，政府要提高行政效率，提高公共服务能力，在基础设施建设中发挥主体作用，同时可以适当地采取"社会化"模式将一些基础设施交由社会力量承担。第二，政府工作信息平台作为联系政府和民众的桥梁，要提供及时有效的政策信息，设立专门的监督平台，反映民众意见，鼓励民众积极参与到小城镇建设中来；推行权力清单、责任清单和负面清单，促进政府职能的转型升级，推进小镇治理主体多元化、智库化。

（3）加强跨境合作，促进经贸往来。在经济全球化浪潮中，国际竞争日益激烈，中国与周边国家建立经济合作关系，协商制定贸易政策和措施，是"走出去"的必然要求。为适应经济全球化发展趋势，内蒙古边境特色小城镇在建设过程中需做到以下几点：一是积极建设跨境经济合作区。中俄蒙三国毗邻地区幅员辽阔、人口众多、历史悠久、资源丰富，各国之间经济互补性强、合作潜力大，有建立中俄蒙三国跨境合作区的自然基础及社会条件。二是依托跨境（边境）经济合作区，加快推进沿边市场建设。按照"两国一区、境内关外、封闭运行、政策优惠"的模式，推动建立呼伦贝尔中俄合作加工园区、满洲里市中俄跨境经济合作区、二连浩特中蒙跨境经济合作区等合作平台，重点发展加工贸易、现代会展、现代物流、旅游及加工业，为小城镇的建设提供更好的产业基础。可以参考广西壮族自治区防城港市东兴市，其位于中国西南边陲，东南毗邻北部湾，西南与越南接壤。东兴有世界三大红树林示范保护区之一的北仑河口红树林保护区，有京岛风景名胜区、屏峰雨林公园等国家 4A 级景区，有大清国一号界碑、中越人民友谊公园等历史文化景观。东兴推出越南芒街一日游，无须办理护照，只凭身份证就可以跨境旅游一天，这为消费者带来极大的便利，对于两地经济的发展具有重大的推动作用，发挥了边境城镇的独特地理优势。东兴的发展经验对于内蒙古自治区边境特色小城镇的进一步发展具有重要的参考意义。

（4）科学合理规划。小城镇建设是一项长期、复杂、系统的社会性工程，坚持一切从实际出发，实事求是，立足当前、着眼长远，科学地对本区域内小城镇发展进行总体规划和布局，重点发展潜力大的城镇，建立结构合理、布局均衡、功能互补、科学发展、社会和谐的城市体系，指导小城镇建设有计划、有秩序、有重点地稳步推进。

第一，把握小城镇规划的指导原则。一是坚持规划的全局性与科学性。小城镇建设规划必须认真严谨，要经过科学论证与社会广泛讨论，城镇的建设和发展必须严格按规划来实施。应根据地理环境条件、人口规模、区位优势和经济发展状况，科学合理地对小城镇进行规划和布局。二是贯彻"以人为本"的原则。始终把广大人民群众作为发展的主体。小城镇的发展离不开人民，小城镇发展的最终目的是要实现人的发展，小城镇规划的根本目的就是满足小城镇居民的物质文化需要，使小城镇全面、协调和可持续发展。因此，在制定小城镇发展规划时，要坚持"以人为本"原则，广泛征求广大居民的意见和建议，让广大居民积极参与到城镇规划中来，使小城镇居民的主人翁地位得以实现。三是经济、社会、环境协调发展的原则。经济发展是小城镇规划的首要目标，如果小城镇的经济不能得到很好发展，小城镇居民生活水平不能提高，社会发展也会出现问题，规划也就失去了原本的意义。但是，随着经济的发展，小城镇的社会问题和环境问题往往会变得越来越突出，这就需要在科学制定小城镇发展规划时处理好小城镇发展过程中经济、社会和环境保护等问题。经济的发展应以环境和资源的承载力为前提，在经济发展的同时，应该更加注重社会发展，使经济、社会和环境三者协调发展。四是坚持"因地制宜"原则。小城镇规划应坚持

"因地制宜"原则，根据小城镇自身现有的地形、地貌、水文、地质等自然条件，科学规划、合理布局，形成独具特色的人文人居环境。结合地区实际，扬长避短，形成多种类型、各具特色的小城镇。

第二，紧抓小城镇规划的主要内容。一是土地利用规划。小城镇建设需要大量土地，在当前我国土地矛盾越来越突出的情况下，需要以科学的规划作为指导，促进小城镇土地资源的合理利用。一方面，要站在区域经济社会发展的全局规划城镇体系，结合各小城镇的区位优势、经济发展水平和产业优势，宏观分析各小城镇发展方向和功能定位。对于经济基础较好或邻近城市的地区，确定优先发展的重点小城镇，使其发展成为小城市；对于经济社会相对落后的地区，要加大政策支持力度，在资金、用地、税收及政府服务方面开通"绿色通道"，吸引更多的生产要素向小城镇聚集，充分发挥小城镇对周围经济的拉动作用。另一方面，应依据区位条件和经济发展状况，合理规划小城镇的具体功能区。科学规划好小城镇各大主体功能区，使各功能区之间相互衔接、相互协调、科学发展。二是产业发展规划。要高度重视产业发展在小城镇建设中的重要性。首先要进行合理的产业规划，合理布局三次产业结构，选择产业基础好、发展潜力大、辐射范围广、带动能力强的产业作为小城镇产业发展的重点。其次要培育小城镇的主导产业。小城镇应充分挖掘地区优势，以规划为指导，依托特色产业，培育和发展支柱产业，着力提高主导产业在小城镇经济发展中的增长极作用。最后要合理布局三次产业。三次产业之间存在强烈的依存关系，只有三次产业相互协调、相互配合，才能形成三次产业的良性循环发展链条，促进小城镇经济发展。如对于旅游资源丰富的少数民族聚居的小城镇，可以引导其发展生态观光、休息娱乐和民族文化特色旅游业；对于临近大中城市或产业基地的小城镇，要重视其与中心城市产业的衔接与协调，积极承接大中城市与农业关联强的劳动力密集型产业向小城镇的转移。三是基础设施规划。基础设施建设是发展内蒙古特色小城镇的关键，对特色小城镇进行区域规划时，要同时考虑基础设施建设的经济效益、社会效益和环境效益，根据特色小城镇自身的发展情况，健全各个特色小城镇的道路交通、给排水和供电等基础设施，基础设施规划编制要以区域经济发展的全局为出发点。首先，科学合理安排工商、交通、教育、文卫、环保和公用基础设施等方面的建设。其次，合理规划小城镇供水、排水、防洪建设。整体综合研究水系规划建设，协调各小城镇之间的各项基础工程设施，合理长远规划水资源系统，完善地下水通道，提高水资源的利用效率，提升居民饮用水质量，同时完善排污设备，保护河流和水源不被污染，加强各个产业的水资源循环利用，努力建设环保型特色小镇。再次，合理规划小城镇发展中的用电问题。企业生产离不开能源的消耗，电力作为我国最主要的能源之一，对小城镇工业企业发展有着重要影响，小城镇规划必须满足小城镇快速发展对电力能源的需要，改造供电网络，调整配电结构，保证满足每个地区居民的用电需求。最后，合理布局小城镇有线和无线网络建设。互联网和计算机技术已经在现代生活中得到了广泛应用，除了大量硬件设施建设外，互联网等软件设施建设对一个城市发展至关重要。在小城镇的基础设施建设中，要立足现实、着眼长远，定位要高，思路要超前，把小城镇的建设提升到新的档次和高度。

2. 企业发展措施

（1）精心培养产业主体，积极探索产业发展模式。根据产业升级理论，产业主体通过升级企业技术、改进管理模式、改变企业结构、提高产品质量与生产效率、升级产业链等途径不断提高产品的附加值。房地产企业负责基层的开发建设，为各项产业的开展提供场地，因此要做好规划，合理发展，防止房地产企业过度开发。首先，地方政府出台房地产开发的准入条件，且以产业发展为核心。其次，对产业进行有效整合，使其能凭借自身的资本条件在整个产业链中占据关键环节，延长产业链，形成一个有序的产业集群，推进小城镇的可持续发展，保证后续工作的有效进行。最后，除了为必要的产业活动与居住提供空间外，房地产开发还要考虑科技、文化、农业、自然景观等特色，探索适合本地的、具有独特性的发展模式，提供更加具有持续能力的服务。针对小城镇的特色产业，要提高相关企业的竞争力，创建一些具有特色和实践性的项目，对于具有丰厚历史文化底蕴的产业和一些现代化产业，尤其是历史传统产业、非物质文化遗产等，要提高其影响力，对于生物医药、休闲养生和养老等目前较为热门的产业，要丰富产业的多样性，从而为特色小城镇的发展提供强大的动力支持。

（2）拓展融资渠道，扩大资金来源。为保证城镇化持续健康发展，必须保证充足的资金支撑，保证各个机构的经济利益与社会利益相挂钩，这样既有利于企业发展，也有利于企业为社会服务，为小城镇建设提供更多的资金支持。要坚持市场化、法治化导向，坚持金融改革，坚持防范金融风险原则，既要大力完善多层次资本市场体系，为不同类型、不同发展阶段的企业提供更多可选择的直接融资渠道，也要发展和完善企业资产证化业务，推动债券品种创新，扩大优质企业债券发行规模。深化改革，打造一个规范、透明、开放、有活力、有韧性的资本市场。提高上市公司质量，完善上市公司股份回购制度，加大保险资金财务性、战略性投资优质上市公司的力度，进一步完善上市公司现金分红和退出机制，统筹推进发行、上市、信息披露、交易、退市、投资者适当性管理等基础制度改革等，有力支持股权市场积极增加市场供给，扩大直接融资。在债权融资方面，要大力发展债券市场，加大银行间、交易所两个市场的互联互通，最终形成统一的债券市场；降低金融市场准入门槛，支持企业加大利用再融资并购重组力度；发展和完善企业资产证券化业务；鼓励发行双创专项金融债券、孵化专项债券等；推动债券品种创新，扩大优质企业债券发行规模。产业基金及服务商应该提供与城镇建设相配套的服务，为产业转型升级和企业的规模化发展提供支持。

（3）将产品开发与当地特色文化深度融合。企业的产品研发除了立足于本身的市场定位以外，还要积极与当地的特色文化资源融合，让特色小城镇的"特色"体现在企业发展的方方面面，形成差异化竞争优势。在内蒙古12个国家级特色小镇中，大部分都是具有浓厚的文化底蕴以及民族特色的小镇，其中不乏国家非物质文化遗产，比如舍伯吐镇的《嘎达梅林》、白狼镇的树雕艺术、柴河镇的天池群和"石海"等罕见的地质景观。在这一背景下，特色小镇的企业要坚持把旅游产品和旅游活动的开发与当地特色文化紧密结合起来，走"特色、精品、高端"路线，培育新业态，不断丰富游客的旅游体验，开发出能体现当地文化特色的、具有民族文化意蕴的产品业态，使其成为拉动游客消费者的增长点，凸显特色小镇中市场主体的运作模式。另外，旅游产品与当地特色文化的融合，还可以与当地居民互动起来，让当地居民直接参与到旅游产品的开发和设计中。许多当地居民都拥有难能可贵的传统手工工艺，因为没有市场渠道所以得不到合理发展，企业这个时候要发挥自身的优势，将具有传统手艺的当地居民调动起来，研发出更多与当地特色文化融合的产品。

3. 民众支持措施

（1）在规划管理过程中把民众放在主体地位。城镇的建设需要发挥民众的作用，建设结果也要靠民众来评判，因而在规划管理过程中，要通过各种形式使民众参与到规划建设中来。为防止盲目地进行城镇化建设，要充分考虑城镇的实际情况，民众的需求是需要综合考虑的主要因素，尤其是要充分兼顾低收入者的相关利益，从而将城镇建设成一个和谐的、有包容性的家园。同时，居民自身也要积极地投身于特色小城镇的建设中，为相关规划部门提供城镇发展的历史、文化等信息，提出自己的见解，积极履行监督义务，从而帮助政府更加准确地制定相应的规划。

（2）在发展过程中依靠群众。在特色小镇的发展过程中，应鼓励民众向着小城镇建设初期的构想行动，建立相应的监督渠道，让民众及时反映建设过程中的问题，提出相应的建议，使小城镇的发展能够更加符合民众的要求，更加符合实际。

在特色小城镇的发展过程中尤其要注重对优秀传统文化的继承和发扬，注重利用民俗文化举办特色文化活动，通过群众的广泛参与实现共享共乐，形成特色文化活动品牌。打造丰富多彩的文化载体，完善文化设施建设，加大小城镇文化馆、图书室、体育活动中心等文化设施建设的投入力度，兴建一批标志性的公益性文化设施和文化旅游设施，注重构建完善小城镇公共文化服务体系，重点抓好乡镇综合文化站建设，完善多功能活动厅、书刊阅览室、培训教室、文化信息资源共享工程基层点，以及室外活动场地、宣传栏等配套设施建设，不断满足人民群众的基本文化需求，让人民群众喜闻乐见的优秀文化传承下来。

要正确处理小城镇历史文化保护与当地居民居住环境改善的关系。对古老的历史街区，除了修缮外观，还要以此为契机改善居民的生活环境条件，包括电网整治、排污管道的全面接通、管道煤气入户等。正确处理小城镇文化保护传承与创新发展的关系，必须要深入挖掘历史文化遗产资源，认真梳理文化变迁脉络，不断推陈出新，扬弃有当，建设具有鲜明地域特色的文化形象符号。正确处理小城镇建设中科学规划与文化定位的关系。在编制小城镇建设总体规划过程中，既要具有全局观念意识，坚持以功能调整为主，更要突出文化定位、文化功能和文化特色，把这些文化元素和文化符号体现到当地小城镇建设的规划之中。正确处理小城镇基础设施与公共文化设施建设的关系。必须要把公共文化设施纳入重要建设布局，切实做到公共文化设施与其他基础设施建筑的配套协调统一。

（三）不同地区具体措施

1. 针对二连浩特市的具体措施

二连浩特市在中蒙俄经济走廊建设中具有重要地位，是中蒙俄区域经济发展的重要节点。根据区位理论,二连浩特市面向蒙俄及东欧等国际市场,背靠环渤海经济圈和呼包银榆经济区,拥有丰富的进出口资源和独特的地缘优势,为中外客商开展经济活动提供了良好的平台。二连浩特市的口岸优势以及与蒙古族文化血脉连接的文化优势,使其成为中蒙俄经济走廊社会、经济资源要素的核心区。

(1)做活边境特色文化旅游业。以全域旅游、品牌引领、区域联动、共享融合为原则,加快推进国家全域旅游示范区、中蒙跨境旅游合作区、边境旅游试验区建设,努力打造跨境文化旅游集散地。整合现有景点、景区等旅游资源,将国门景区和互贸区有机串联,推进"文化旅游＋互贸区"发展模式。进一步推进全域旅游提升 PPP 项目、民族文化产业园等项目建设,发挥好旅游综合服务中心作用,提高旅游资源要素配置水平。实现旅游资源的充分配置,打造特色旅游品牌,切实增强旅游知名度和影响力。首先,二连浩特市是世界著名的恐龙化石产地,也是中国最早发现恐龙蛋的地方,这是其最具特色之处,二连浩特市应充分利用这个优势,吸引广大游客前来观光旅游。二连浩特市有两条连接外地的重要通道:二广高速和国道 331 线。目前,这两条高速路段并没有标志性的建筑和设计,应打造恐龙观景大道,使游客在未进入二连浩特时就能充分地感受到其文化氛围和异乡魅力。然后,开发利用恐龙化石群这一世界级资源,打造高标准、高水平恐龙世界游乐公园,如奇幻恐龙 5A 景区、恐龙溪漂浮乐园、恐龙山探险公园、恐龙化石遗迹公园、主题度假酒店等。这些娱乐项目可以让游客游玩 3~5 天,从而带动消费,促进当地经济发展。其次,二连浩特市应该借茶叶之路兴特色文化,以茶路文化为背景,举办中蒙俄茶叶之路文化节系列活动,打造新时代茶叶之路特色文化品牌,吸引游客前来感受茶叶之路的魅力。最后,二连浩特市可以参考广西东兴推出的越南芒街免签一日游,打造蒙俄的跨境一日游或团体免签旅游。

案例一

东兴市特色小城镇

东兴市位于广西南部、我国大陆海岸线最西南端,因兴于北仑河东岸故得名东兴。东兴市与越南广宁省芒街相对,陆地边境线 39 公里,海岸线 50 公里,是我国唯一与越南海陆相连的国家一类口岸城市。

东兴模式的成功为边境特色小城镇的发展提供了良好的实践路径,民族地区新型特色小城镇的建设要积极融入全球化和区域一体化的大潮中,化区位劣势为区位优势,精准进行市场定位,加速经济要素流动,为新型特色小城镇发展开辟新的空间。

东兴市是沿边地区、沿海地区、民族地区,生态环境优越,集边关文化、海洋文化、长寿文化、京族文化等特色文化于一体,且拥有多个非物质文化遗产,无疑为东兴市新型特色城镇化发展奠定了良好的文化基础。

东兴市依托防城港、南宁机场、北海机场,积极完善交通网络,加强与东盟市场及北部湾经济圈的联系,在政府的主导下积极建设跨境经济合作区,出台招商引资政策,建立健全市场机制,使得城镇内经济、文化、组织等要素得以充分利用,产业结构也得以优化升级,城镇化快速发展。

在东兴市城镇化过程中,区位条件是城镇化发展的核心要素,通过产业结构的优化升级从而促进经济的发展是城镇化发展最主要的动力机制。

国家政策倾斜、地方政府的引导对东兴城镇化发展起到了非常重要的作用。东兴市享有边远地区、西部大开发、跨境经济合作区等多重优惠政策。2010 年东兴被列为国家重点开发开放试验区,目前,国家、广西出台一系列先行先试特殊政策,支持东兴重点开发开放,如边境旅游异地办证、落地签证、人民币跨境结算业务等,涵盖了财税金融、产业贸易、口岸通关与旅游管理等多个领域。与此同时,东兴市积极建立健全城镇内部机制,吸引国内外企业进入,刺激了人才、资金等经济要素的集聚和流动。

资料来源:王新哲,陈田.民族地区新型特色小城镇发展模式与路径研究——以广西边境凭祥、东兴为例[J].广西师范学院学报(哲学社会科学版),2017,38(1):75-84.

(2)做强资源储备基地。二连浩特市所属的锡林郭勒盟是我国重要的畜产品和能源基地,年产肉类 21 万吨、绒毛 2 万吨、皮张 792 万张、奶类 15 万吨。目前,已发现矿种 80 多种,探明储量的有 30 余种,其中,煤炭 1448 亿吨、石油 3.2 亿吨、天然碱 4500 万吨、盐 3000 万吨、石灰石 22 亿吨。褐煤总储量居全国之首,已发现资源储量 10 亿~100 亿吨的煤田 25 处,百亿吨以上的煤田 5 处。同时,由于特殊的自然环境条件,二连浩特还拥有丰富的风力资源和光能资源，建立了百万千瓦风电基地和十万千瓦光伏基地。1994年二连浩特市开始向蒙古扎门乌德市送电，实现了我国电力出口零的突破。二连浩特口岸是中蒙最大的陆路口岸，位于中蒙经济走廊的关键节点，在进口粮食落地加工方面有得天独厚的优势，2014年获批成为中国进境粮食指定口岸。二连浩特口岸在2019年首次进口煤炭，打开了蒙古精煤进入中国国内的第二通道。但目前，二连浩特市并没有充分发挥自身的优势。首先，要建设百万千瓦清洁能源基地。积极向上争取光伏发电指标，全力推进可再生能源微电网示范项目建设，打造新能源产业发展示范城市。巩固同中海油、内蒙古电网公司的合作成果，大力发展风电供热和分布式光伏电站，切实提高就地消纳和转化能力，带动当地经济的发展。推动清洁能源与大数据产业融合发展，规划建设清洁能源数字园区，积极争取建设锡盟特高压新能源电源点，推动配套特高压输电通道建设，为发展壮大清洁能源产业提供保障。推进跨境电商产业发展，启动跨境电商快速通道升级改造工程建设，推动信息服务平台建设，探索互联网、大数据与外向型经济融合发展，引导鼓励有条件的传统商贸企业自建网上商城，提供多元化商业服务。其次，与二连浩特市相邻的蒙古和俄罗斯资源富集，被誉为"21世纪人类自然资源的宝库"。蒙古现探明80多种矿产资源和6000多个矿点，其中，煤1520亿吨、铁20亿吨、石油80亿桶、金3000吨、银7000吨、铜2.4亿吨、磷2亿吨、萤石800万吨、钼24万吨、锌6万吨。俄罗斯拥有丰富的矿产资源，其中煤炭储量2000亿吨，居世界第二位；石油探明储量65亿吨，占世界探明储量的12%~13%；天然气探明蕴藏量47.6万亿立方米，占世界探明储量的32%，居世界首位；铝蕴藏量居世界第二位，铁蕴藏量居世界第一位，铀蕴藏量居世界第七位，黄金储藏量居世界第四位。俄罗斯的森林覆盖率较高，覆盖面积达8.67亿公顷，占国土面积的50.7%，居世界首位。木材蓄积量807亿立方米。我国要逐渐增加对铁矿石、铜矿粉、粮油、木材、煤炭等大宗商品的进口，增加我国对这些能源资源的储备，同时还要争取对偶蹄类动物和汽车整车进口。

（3）建成生态牧业示范区。二连浩特市是我国北疆重要的边境生态屏障，全市共有草场577万亩，森林25万亩，绿化覆盖率为36.5%。为继续深化二连浩特市的生态屏障作用，要重点加强二连浩特市的生态建设，把其作为最基础的任务，积极推动中蒙边境生态防线建设，推进中蒙两国开展联合治沙防沙工程，建设铁路绿色通道项目、人工增雨项目，实现围封禁牧、防风固沙。在建设国家级现代生态牧业示范区时，二连浩特市可以参考青海省黄南藏族自治州泽库县拉格日村。泽库县拉格日村生态畜牧业专业合作社以"股份制改造，资源高度整合，生产结构调整，劳力按需分配，合作社多元化发展"的措施为合作经营基础，大力发展草地生态有机畜牧业，增加牧民收入，改善生态环境，为二连浩特市草地生态有机畜牧业的发展提供了可供借鉴的尝试。二连浩特市应提升牧业产业化经营水平，实现产业转型升级，实现全产业链模式。

案例二

泽雅镇特色小城镇

泽雅镇位于温州市瓯海区西部境内，下辖81个行政村和2个居委会，拥有人口5.67万。泽雅镇地形多山岭，风景优美，生物资源丰富，旅游事业发展水平较高，而且具备显著的旅游产业优势，是温州市十大旅游重镇之一。在特色旅游与特色农业的推动下，泽雅镇在特色小城镇建设的道路上迈出了重要的一步，其特色小城镇建设取得了瞩目的成就。

从泽雅镇经济建设现状来看，近些年来泽雅镇在温州市新型城镇化建设的推动下，依托丰富的生物资源、特色旅游资源大力发展旅游业，并坚持以经济建设为中心，走特色城镇发展道路，使得泽雅镇经济发展水平不断提升。据《2014年瓯海区国民经济和社会发展统计公报》的数据资料，泽雅镇国内生产总值位居瓯海区14个行政区域的前列。经济建设水平的不断提升为特色小城镇建设提供了经济基础，但与温州市特色小城镇建设整体存在的问题相似，泽雅镇在发展特色小城镇时，其经济区域水平的差异依然明显，这无疑增加了其特色小城镇建设的难度。

从泽雅镇农业建设现状来看，泽雅镇在镇政府的正确引导下，依托地区内丰富的特色农业资源，形成了"高山蔬菜、稻田养鱼、畜牧养殖、林果药材、淀粉原料"五大农业综合开发基地。在市场经济导向下，泽雅镇特色农业、特色农产品和特色休闲农业发展迅猛，并逐渐树立了特色形象。特色农业发展为泽雅特色小城镇建设提供了便利，但从当前的实际情况来看，泽雅特色农业的分布较为集中，虽然具备区域内的集聚效应，但其集聚点过于分散，而且集聚规模较小，这需要泽雅特色小城镇建设进一步规划。自20世纪90年代中期开始，泽雅镇在加大农业生产的同时，加大了对乡镇工业的扶持力度，积极招商引资，打造泽雅特色的乡镇工业群。经过长达20余年的发展，泽雅镇工业已初具规模，尤其是服装产业中的学生装产业正成为泽雅加工制造业的特色代表。

依托特色自然资源，泽雅镇旅游业发展迅猛，而且已经打造出自己的特色品牌，产生了区域范围的品牌效应。从旅游资源上来看，泽雅镇自然景观秀丽，文化底蕴深厚，名胜古迹荟萃，拥有大量的特色景点，其中中国重点文物保护单位"四连碓造纸作坊群"最能代表泽雅镇的特色旅游资源。正是在如此丰富的旅游资源基础上，近些年来泽雅镇着力打造的特色旅游城镇已经取得丰富的成果，其市场影响力不断扩大，为泽雅特色小城镇建设提供了巨大的支撑力量。

资料来源：周凯政.温州特色小城镇发展研究［D］.舟山：浙江海洋大学，2016.

（4）做大国际贸易和物流业。按照丰富品种、争取支持、拓展合作的思路，推动对外贸易提档升级。稳步扩大铁矿石、铜矿粉、木材、煤炭、纸浆、粮油等大宗商品进口，争取偶蹄类动物和汽车整车进口。全力争取开展市场采购贸易方式试点，吸引更多出口商品在二连浩特口岸集散，不断做大出口货运量。加强与敦煌网、内蒙古民航集团的合作，加快发展跨境电子商务，启动跨境电商快速通道升级改造工程，推进电子交易、电子结算、电子通关等信息服务平台建设，培育壮大对外贸易新业态新模式。争取更多地区中欧货运班列从二连浩特口岸出入境，加快建设中欧班列编组枢纽。加强与蒙俄公路运输的协作，争取国家部委放宽外籍车辆入境限制，规范跨境运输秩序，促进物流业持续健康发展。加强与蒙俄口岸、国内港口和内陆港的通关合作，打造货物通关"直通车"，拓展多式联运发展空间。

发达的产业经济为小城镇的长效发展和建设提供了坚实的物质基础，因此要推动产业经济的发展，为小城镇的发展提供支撑。此外，发达的产业经济能够提供充足的就业岗位，从而为小城镇的发展提供更多的资金和人力支持。例如黑龙江省坚持产城融合、融城兴业，积极推动产业园区建设，探索适合当地发展条件的产业模式，加快相关产业链的拓展，促进产业融合发展。除黑龙江外，较发达地区也非常重视产业经济对小城镇建设的带动作用，例如长三角地区小城镇建设主要依靠民营经济的崛起，珠三角地区则更多依靠强有力的外来投资。因此二连浩特市要根据自身区位优势，发展外向型经济，推动边贸、旅游和加工型的城镇群的建设，建设专业化城镇体系，紧抓龙头企业，发挥带动作用，加大对俄蒙开放力度，推进产业链延伸，形成完善的产业集群，加速边境地区城乡的统筹发展。

（5）做强进出口加工业。以补短板、提档次、延链条为主攻方向，加大项目引进和建设力度，促进加工业提质增效。抓住发达地区产业转移的机遇，千方百计引进木材精深加工项目，促进产品量质齐上，向中高端转变。加快连吉祥磊、钓玮矿业铁精粉项目建设进度，力争鹏顺尾矿选钨项目投产运营，引导企业推广干选工艺，加强尾矿利用，推动矿产品加工向节水环保、循环集约方向发展。积极推动东新粮油尽快投产达效，力争锥鹰30万吨粮油仓储加工项目开工建设，做大粮油饲料加工产业规模。积极引导现有线毛加工企业打造品牌，加快推进进口活羊隔离场所建设，引进进口活羊加工企业，培育工业经济新的增长点。认真研究蒙俄市场需求，积极引进新型建材加工项目，提高出口建材在蒙俄市场占有率。

2. 针对满洲里的具体措施

作为向北开放的最前沿地区，满洲里在建设中蒙俄经济走廊的过程中发挥着重要的节点作用，满洲里由于优越的自然地理位置，掌握着较为及时有效的经济信息，拥有经济资源和人力资源，在把握好这些资源的同时整合资源要素、发展口岸经济，有利于扩展口岸经济的辐射范围，促进沿边经济带开发开放。根据区域经济一体化理论，满洲里由于特殊的地理位置，在促进中国与俄罗斯等国的经贸往来过程中发挥着重要作用，因此满洲里口岸发展的特色之路要把握好"一带一路"带来的发展机遇，具体包括：

（1）增强边贸经营管理，加强对边贸商品的质量监督。满洲里作为口岸城市，要加强对出口贸易的监管，保证出口产品的质量，优化进出口贸易结构，加强与周边国家的经贸往来和合作。满洲里的主要贸易国为俄罗斯，满洲里与俄罗斯在资源开发、产品加工制造等方面均有合作，为了保证贸易往来的持续发展，提升贸易产品质量，一方面应建立边境贸易管理协会，通过边贸协会的指导和监督，对违规的边贸企业给予相应的警告和处分；另一方面应建立边贸监督管理机制，对于频繁出现商品质量问题的边贸企业，撤销其从事边境贸易的资格，同时对新进入的企业进行严格审核，防止不合格边境贸易企业进入。加强对其贸易产品的质量监督，有助于满洲里对外贸易的健康持续发展。

（2）完善货币结算方式，拓展资金筹集渠道。满洲里金融体系建设较落后，在很大程度上制约了满洲里的发展。因此，应完善金融体系建设，为满洲里的经济和其他各项事业的发展提供更多的资金支持。满洲里要鼓励银行、证券公司、保险公司等在满洲里各地区设置分行，提供创新型金融产品和服务，使用合理的结算工具，尽可能地规避汇率波动带来的贸易风险。利用人民币结算具有成本低、便捷的优点，贸易双方在进行交易和结算时可以选择人民币。除此之外，可以建立国际化的自由结算方式，发展国际金融市场，使货币结算、流通更加便捷。在拓展资金筹集渠道方面，首先，目前国家正在积极地实施西部大开发战略，因此满洲里可以借助国家政策，争取国家对本地区的项目支持。其次，满洲里作为我国沿边开放城市，满洲里政府可以申请建立自由贸易区的专项资金，进一步加强对本地区边境贸易企业发展壮大的资金支持。再次，满洲里政府可以结合本地区边境贸易的实际情况，通过开拓民间融资渠道，为边境贸易的健康发展给予支持。最后，满洲里政府可以引导外商资本进入，满足本地区企业对资金的大量需求。因此，拓展资金筹集渠道对满洲里的经济建设具有十分重要的意义。

（3）优化商品结构，提高境内外产品互补性。满洲里作为口岸城市，主要依靠发展边境贸易来带动当地经济及其他各项事业的发展，在贸易过程中，产品竞争力成为影响贸易水平高低的主要因素。因此，首先要做好口岸建设，提升港口对接度，提高对外开放便捷度，在此基础上进一步促进商品结构的转型升级，提高出口产品附加值，由劳动和资源密集型产品逐渐向技术密集型产品过渡。同时，要加强与俄罗斯的经贸合作，在能源和矿产资源、科技及电力等领域开展项目合作，大力发展劳务和旅游贸易等多种贸易形式，推动贸易的持续发展，实现双方合作共赢。除了优化产品结构外，根据分工理论，还要加强双方产品的互补性，推进产品的专业化建设，加快产业升级，提供更多具有高附加值的产品。比如在一些双方均具有发展优势的行业领域，实现跨境合作，资源共享，推动产业的创新，提供新的产品，这就要求满洲里政府给予高新技术企业更多的政策和资金支持。

（4）发挥枢纽辐射功能。加快绥满高速海满段和满洲里至阿拉坦额莫勒公路工程建设，加大齐海满客运专线争取力度，推动中俄公路口岸货运通道建设，构建联通内外的国际大通道。继续完善口岸查验场区、货运查验通道和海关监管库房等配套设施建设，推动中俄蒙口岸合作中心招商运营，争取公路口岸进境免税店获批，不断完善口岸服务功能。取消中欧班列口岸设施维护费，加快建设多式联运监管中心，努力扩大口岸始发班列规模。持续优化航线网络布局，促进航旅融合发展，确保出入港旅客达到50万人次以上。全面落实通关一体化改革，积极推进"两步申报""两段准入""多查合一"等管理模式创新，进一步压缩单证合规时间，不断优化口岸查验流程，切实提高通关效率。

（5）促进外贸转型升级。用足、用好国家和内蒙古外经贸支持政策，积极培育和引进贸易大户，大力发展总部经济，促进贸易多元化和贸工一体化发展。巩固提升木材、煤炭、化肥等大宗商品进口，扩大农产品、润滑油、汽车等品类进口，力促原油、液化石油气进口实现突破，稳定机电、建材、钢材、木制品和成品油出口，提高进出口商品附加值。认真落实国务院促进综合保税区高水平开放高质量发展的政策措施，加快国际会展中心、帆达物流、锦达物流等重点项目建设，积极引进跨境电商、汽车平行进口、机械出口、加工制造等优质项目，进一步加强与北京天竺、青岛前湾和西安综合保税区协作互动，力争贸易额达到 15 亿元。加快推进互市贸易区"中国城"项目，积极打造进口商品交易、批零和加工平台，规划启动专业市场建设，推动"互市贸易区 +"实现新突破。促进国际物流产业园区与综合保税区、互市贸易区联动发展，继续开展跨境经济合作区和边境自由贸易区争取工作。鼓励有实力的企业"走出去"，扩大境外资源开发和农产品种植规模，推动境外经贸园区建设。开通公路口岸农产品快速通关"绿色通道"，打造"南菜北运"品牌，力争全年出口菜果 48 万吨以上。

（6）壮大落地加工规模。积极推进装配式木结构建筑示范工程，确保木材仓储交易中心建成投用，力促康思特木屋、兴华松木地板、凯润防腐木等项目投产，启动合茂生物质颗粒、敬洋环保活性炭项目建设，不断扩大木材加工贸易规模。积极争取大麦进口指定口岸和小麦进口配额，力争设立国家级粮油质量检验监测中心。加强与中粮、中储粮集团等知名企业合作，力促伊泰、恒升等项目尽快投产达效，推动阿尔泰菜籽油加工项目开工建设，使俄罗斯食品产业园初具规模。积极推进俄罗斯钾肥进口落地加工项目。加快乾有国际宝玉石加工园区建设，培育集宝玉石加工、展示和销售于一体的产业链条。主动承接沿海地区产业转移，重点引进适应俄蒙市场需求的配套加工项目，壮大出口加工产业。

（7）推进区域务实合作。以中俄、中蒙建交 70 周年为契机，巩固与俄蒙毗邻城市的友好关系，争取与俄罗斯伊尔库茨克、克拉斯诺亚尔斯克、索契和蒙古国乌兰巴托等地缔结友好城市，促进对外开放深度拓展。积极落实中俄地方合作交流年活动，搞好中俄满洲里—外贝加尔边疆区区域协调联络定期会晤，持续深化经贸、交通、旅游、医疗、警务、人文等领域合作。深度融入振兴东北一体化发展，主动参与京津冀、珠三角、长三角产业分工，全面落实"三国四地"合作意向，推动进出口资源加工、商贸物流、文化旅游、跨境电商等领域项目合作。充分发挥试验区政策优势和辐射效应，继续深化"乌阿海满"区域协同发展，进一步提高服务蒙东地区发展的能力和水平。

（8）全面推进边境旅游试验区建设，创新边境旅游管理制度和便利化通关举措，培育旅游产业发展新体系。积极创建国家全域旅游示范区，加快推进中俄边境旅游区提升和冰雪大世界、北疆明珠观光塔、蒙根花自驾游宿营地等景点景区建设。深入实施"旅游+"战略，促进旅游与文化、体育、农牧等产业融合发展，进一步丰富旅游业态。着力发展跨境旅游，力促中俄旅游贸易综合体建设取得实质性进展；培育自驾游、专列游、研学游、红色游等跨境精品旅游线路，打造中俄蒙跨境旅游圈。全面提升节庆会展的内涵和层次，推动中俄蒙国际旅游节、冰雪节暨美丽使者大赛等品牌活动特色发展。依托全国第十四届冬运会的辐射效应，开发培育冰雪运动、冰雪体验项目，大力发展冬季旅游。进一步加强旅游营销推介，积极开拓国内外客源市场。充分发挥"1+5+X"旅游综合管理体制作用，加大旅游市场监管力度，加快"智慧旅游"建设，营造良好的旅游发展环境。

 案例三

腾冲县猴桥镇

腾冲猴桥口岸位于云南省保山市腾冲县西部猴桥镇猴桥村，离县城62公里，距猴桥下街集镇12公里，距缅甸甘拜地21公里，离国境线19公里，是我国与南亚、东南亚的一个主要通商口岸。2004年4月，猴桥口岸正式被批准为国家级一类口岸。目前，整个口岸设施占地7.09亩，其中办公区5.34亩，建有755平方米的钢筋混凝土结构联检综合楼一幢；生活区2.09亩，建有400平方米木结构两层楼一幢。

随着腾冲县对外开放步伐的进一步加快，猴桥口岸建设及功能提升受到高度重视，2005年保山市、腾冲县分别成立了猴桥口岸规划建设领导小组和项目规划实施小组，切实加强了对口岸规划建设的协调领导。根据《海关总署办公厅关于云南猴桥口岸迁建问题的复函》（署办函〔2009〕600号）

文件精神，腾冲县在距国境线中缅友谊碑约 6 公里处的黑泥塘村新建猴桥口岸联检楼及配套设施，在猴桥镇下街村新建猴桥口岸查验货场。为联检部门提供集停车、过磅、报关、报检、办证等功能于一体的查验监管环境。

2011 年，猴桥口岸（通道）出入境人员达 17.5 万人次，同比增长 48.4%，出入境交通工具达 8.1 万辆次，同比增长 60.1%，进出口货运总量达 91.3 万吨，同比下降 4.2%，进出口货运总值达 20189 万美元，同比增长 205.3%。口岸流量总体呈高速增长态势，从出入境人员、车辆流量来看，呈稳步高速增长态势；从进出口货运量和货运值来看，进口小幅下降，出口快速增长，进口 75.3 万吨，679 万美元，分别下降了 15.5% 和 17.1%，主要是铁矿进口减少；出口达 16 万吨，16789 万美元，分别增长了 157.9% 和 568.9%，主要是中电投电站建设项目物资出口。2009 年，由云南城乡规划设计研究院对猴桥口岸经济区进行总体规划，规划区总面积 6 平方公里。根据云南省发展和改革委员会《关于腾冲猴桥口岸联检楼和查验货场项目可研报告的批复》（云发改外资〔2010〕1575 号和 1576 号），猴桥口岸联检楼项目总投资 4428 万元，总建筑面积 5162 平方米；查验货场项目总投资 4405 万元，总建筑面积 11868.8 平方米。

资料来源：罗应光.云南特色城镇化发展研究［D］.昆明：云南大学，2012.

3. 针对呼伦贝尔额尔古纳市莫尔道嘎镇的具体措施

额尔古纳的发展之路可以总结为"区域产业运营多米诺模型"。区域产业共有六块骨牌，分别是集聚人气、设施提升、导入产业及人才、产品和服务提升、收入增加、美好生活。最后一块骨牌"美好生活"是区域产业运营的终极目标，要实现这一目标，只需推倒第一块骨牌——聚集人气，其他的骨牌就会被触发。

（1）莫尔道嘎镇以旅游业为主，是旅游型特色小城镇，要注重对景观的保护和合理利用，最大程度地发挥特色。以旅游业为助力，促进相关产业发展。旅游业是最典型的服务业，与矿业和能源工业等相比，在合理保护的前提下，旅游资源是取之不尽、用之不竭的，美丽的风景、清爽的空气等自然资源是发展旅游业的天然资本。同时，与其他服务业相比，由于旅游资源的独特性和地理上的分割，不同地方的旅游景区之间的竞争通常比较温和，甚至没有竞争。另外，旅游业属于典型的劳动密集型产业，能够提供大量的就业机会，也不存在将来被淘汰的问题，只要旅游资源足够，旅游业可以永葆青春。除了旅游服务就业以外，旅游就业还包括政府服务中的就业、投资方面的就业和旅游商品方面的就业，这使得旅游业成为世界上最大的就业机会提供者，也是全球所有产业中最大的产业。旅游业是一个可以创造市场需求的行业，发展旅游业不仅能够解决当地人的就业问题，更可以促进多个领域相关产业的发展，大量游客的进入，不仅带来招商引资的机会，每个人的吃、穿、住、行、用都会为当地经济发展增添新的动力。在具备一定特色的旅游资源条件下，大力发展旅游业可以为地区经济创造广阔的发展前景。

（2）莫尔道嘎镇产业结构单一，经济增长缺乏后劲。根据产业结构理论，要不断调整产业结构，在发展第三产业的同时，巩固第一、第二产业，发挥第一、第二产业的主导带动作用。这一点可以借鉴青杠树村的发展经验。青杠树村位于四川省成都市郫都区，该地区拥有林盘、河流等天然的生态资源，这些优越的自然环境为青杠树村的发展提供了条件。青杠树村结合川西地区民居的生活特色，建立起了农业特色小镇，因地制宜，建设生态新区，统筹推进新农村综合体示范建设，通过一系列努力，建成了1000亩粮油高产示范基地、490亩水源保护生态湿地和100余亩水面，规模化、田园式的特色小镇初具规模。同时，青杠树村注重品牌的提升，注册了"香草湖"农产品品牌，引进了"天府水乡·国际乡村俱乐部"等五个高端休闲项目，大大提升了知名度。另外，青杠树村通过建设乡村客栈、精品农家乐等，促进了当地特色农业产业的发展，提供了更多的就业岗位，使农民收入提高。

（3）以城镇化建设为载体，全面改善城乡环境。近年来，我国城镇化建设进程不断加快，城镇建设成为县域经济发展的有效载体。在加快城镇化建设进程中，额尔古纳市要坚持软件硬抓，硬件精抓，软件硬件一起推进，全面优化城市环境，不断提升城镇的形象，引导更多生产要素和优势资源向市区聚集，发挥其对县域经济的辐射带动作用，为第二、第三产业的快速发展拓展空间，创造有利条件。在城镇化建设上，额尔古纳市要本着新区建设和旧城改造同步进行、城市建设与农村建设同步进行的原则，全面改善城乡环境。在新区建设上合理进行功能规划，优化形态设计，大力推广"绿色建筑""生态建筑""环保建筑"，扩大绿化规模，优化城市景观，提升城市品位。同时要创新房屋征收工作思路，合理协调各方关系，积极推进成片开发，进一步加大对旧城区的改造力度，完成市区各类管理设施和空间用地的研究，继续完善市区供热、给水、排污、排水等市政基础设施的建设，以城镇化建设为载体，实现城乡环境的全面改善。

（4）以项目建设为引擎，加快推进工业化、农牧业产业化进程。由于一些历史原因，额尔古纳市在县域经济的发展过程中缺乏足够的项目支持，而县域经济增长的持续动力在于项目。因此，额尔古纳市应把项目建设作为县域经济发展的强力支撑，研究制定各项优惠政策，营造有利于投资兴业的发展环境，吸引生产规模大、示范带动性强、符合产业政策和发展方向的企业落户，努力实现交通、矿产、旅游、口岸、城市建设等领域重大项目的落地，以项目扩大招商引资，以项目调优经济结构，以项目增强发展后劲。额尔古纳市县域经济的发展要突出抓好项目建设，加强跟踪调度与运行监测，确保强力推进，集中突破一批重点项目，带动经济快速增长。项目建设是经济发展的引擎，对于额尔古纳市而言，项目建设更有着特殊的意义。额尔古纳市经济建设缺乏足够的资金支持，因此，要带动经济发展，项目建设是必不可少的因素。额尔古纳市的工业以原材料、基础设施等基础工业为代表，这些低加工、高耗能的产业需要耗费大量的人力、物力进行协调，只有这样才能合理规划资源投入方向，统筹各方面的工业力量，使有限的资金充分发挥出其应有的作用。对于农牧业来说，现阶段额尔古纳市的农牧业仍以自给自足为其主要的生产经营方式，农牧业生产的基础设施落后，产值增长速度慢，需要大量的资金、技术支持来推进其产业化进程，所以，项目建设对于加快推进工业化和农牧业产业化进程至关重要。

4. 针对兴安盟阿尔山市白狼镇的具体措施

（1）明确白狼镇的发展目标。阿尔山市白狼镇具有很好的旅游资源，但是阿尔山市的各个小镇之间发展路径趋同。在经济方面，全镇地区年生产总值要达到8亿元，年人均纯收入突破5万元；实现奥伦布坎和白狼峰两家景区晋升4A级景区目标。在社会方面，建成涵盖居民养老、失业、医疗、生育、工伤和低保等内容的社会保障体系；实现居民就业充分，生活富足。在生态方面，森林覆盖率稳定在85%不降低，镇区空气质量优良天数大于300天以上；污水、垃圾无公害处理率达到100%；自来水水质达标率达到100%。在城镇建设方面，完成镇区环境综合整治工程，镇区景区化工程，城镇面貌明显改善；基础设施建设和公共服务水平达到中等发达城市标准；等等。2020年白狼镇要争取建设成为内蒙古最具特色的旅游小城镇之一；旅游产业成为主导产业，年产值较2017年翻一番；完成小镇景区化建设，完成生态环境治理；开展全域景区化工作。

（2）根据产业竞争理论，白狼镇应该使自身的特色鲜明起来，创建自己的景观品牌，从而提升小镇的竞争力。白狼镇属于旅游型特色小城镇，立足打造生态和休闲旅游型特色小城镇，因此要通过打造更加吸引游客的度假场所，定制相关生态产品供游客消费，通过提供消费服务、产品定制以及门票销售获得收益。我们可以从湖北省孝感市的发展中获取有利经验。孝感市小城镇众多，地理位置优越，旅游资源丰富，景观特色突出，在发展旅游型小城镇方面具有较强的优势。孝感市内的旅游型小城镇包括汤池镇、宣化店、杨店镇、丹阳古镇等，这些小城镇均根据自身优势确定了各自的发展模式和思路，但总体都是通过旅游业来带动当地经济发展；实行"旅游兴镇"的发展模式。孝感市开发了"红色旅游""绿色旅游""休闲旅游"三大旅游品牌和"山水风光、绿色生态、红色胜地、温泉浴谷、孝文化"五大特色旅游产品，通过绿色生态环境和红色旅游文化的相互依托，在龙头企业的带动作用下，初步形成了有特色的旅游型发展模式。

（3）不断深化体制机制。对于探索规划的设计要完备具体，白狼镇要始终坚持以"高起点、高标准、高层次、高水平"为目标对各项工作进行规划。在项目建设中始终严格按照规划步骤和要求推进，逐步使城镇建设走上布局合理、功能齐全、适度超前、协调发展的良性轨道。同时，还要明确发展定位，保证发展路径切实可行。通过不断加大基础设施投入力度，积极推进城镇一体化建设，打造功能齐备、生态协调的美丽宜居小镇；着力提升高端饮用矿泉和温泉养生度假产品的市场竞争力，协调推动林下产品加工业和特色种养殖产业同步发展，营造良性居民就业、创业环境。

（4）引入大学生创业团队为小镇发展注入活力。在内蒙古自治区创建高质量特色小城镇的评价指标中，人才因素也占了很大比重。人才不仅是企业创新的最根本的驱动力，也是小城镇建设管理中最重要的因素。作为远离大城市的小城镇，政府是否能够拿出政策引进高层次人才，在一定程度上决定了小城镇建设成效的高低。在现有的特色小城镇建设中，阿尔山市白狼镇政府积极引进大学生团队运营小城镇产业项目，取得了较好的成绩。白狼镇作为阿尔山市的贫困镇，目前仍然有 46 户贫困户处于生存没有着落的状态，为了贯彻落实精准扶贫战略，通过产业发展带动当地农民脱贫，阿尔山市政府引进了两家大的矿泉水企业，通过企业建厂带动当地农民就业，让他们有一技之长，不至于轻易返贫。但是通过企业扶贫攻坚，资金是一方面，人才队伍更为紧缺，尤其是专业的管理运营团队，这个不起眼的小城镇很难吸引人才入驻。针对这一现象，小城镇政府应当积极采取有力政策吸引人才服务于小城镇建设，让他们看到小镇发展的潜力和前景。比如，可以通过税收减免的方式，引进大学生创业团队进村发展特色产业，内蒙古地区的特色小城镇中有许多鲜明的民俗文化产品，具有非常好的市场价值，但是因为信息闭塞一直得不到有效开发。当地政府可以向社会公开招标，在进行一定资金和政策扶持的基础上，引进高层次大学生团队，使其参与到小镇产业的运营管理中来，一方面给他们提供特色旅游项目，满足大学生的创业需求，另一方面也可以给当地小城镇建设带来新的活力和新的思想，弥补小城镇建设的人才短板。在后续白狼镇的发展过程中要更加注重人才的引进，使得特色小镇的发展可持续。

 案例四

法国普罗旺斯特色小城镇

　　法国普罗旺斯是世界上非常著名的旅游型特色小城镇，其成功之处就是通过发展旅游文化产业，带动当地城镇化的发展。在当地，农业是基础产业，以薰衣草和葡萄酒为主，人们来到这里，可以欣赏美景，品尝美酒。在对外宣传过程中，普罗旺斯系列小镇主要以忘忧闲适为主题，并融入了浪漫的中世纪爱情故事，满足人们对美好生活的向往。另外，普罗旺斯系列小镇还通过名人效应进行宣传，吸引游客的注意力，并且不断引进先进的高科技，建立极具特色的旅游文化产业集权，比如普罗旺斯系列小镇每年会举办戛纳电影节。农业与文化的融合就是普罗旺斯系列小镇的品牌。

　　注重当地小镇的特色，因地制宜地采取不同的产业融合发展模式。小镇产业融合体系都是根据当地的自然条件或历史因素等逐步形成和完善的。因此，在"一带一路"建设背景下，特色小城镇的产业融合发展必须立足当地资源、文化、主导产业等特色，明确未来发展方向，循序渐进地进行合理有效的开发和建设。

　　资料来源：小城镇开发的成功模式及国外案例［EB/OL］.［2016-08-25］. http：//www.360doc.com/content/16/0825/13/31101296_585812466.shtml.

第八章

结 论

中蒙俄经济走廊是国家"一带一路"建设的重要组成部分，在六大走廊中的战略地位不断上升，政策安排不断细化。2016年，中俄蒙三国共同签署了《建设中蒙俄经济走廊规划纲要》，标志着"一带一路"框架下首个多边合作规划纲要正式实施，体现了三国在区域合作上具备更优越的基础条件和更多的共同利益契合点，具有推进"一带一路"建设的更多率先示范意义。内蒙古自治区作为中蒙俄经济走廊建设的重要组成部分，应充分发挥综合比较优势，突破中国同俄蒙"政热经冷"的局面。因此，内蒙古边境特色小城镇建设需要找准和破解中蒙俄经济走廊建设的制约因素，全面深化与俄罗斯、蒙古国的合作，提升合作潜力，为"一带一路"建设和中蒙俄经济走廊建设做出更大贡献。

本书对二连浩特市、满洲里市、莫尔道嘎镇和白狼镇四个边境特色小城镇的发展现状进行了描述。作为我国对蒙开放的最大口岸、向北开放的前沿窗口，二连浩特市具有以下优势：地理位置独特、旅游资源和矿产资源丰富、享受多项政策优惠等。同时也存在一些发展问题：口岸经济产业结构很不合理，企业融资渠道单一，融资困难、金融服务滞后，政策管理不到位，各类专业人才匮乏，等等。二连浩特市多种产业复合型发展，其重点在于劳动密集型产业，大体上形成了比较清晰的工业部门，且与大中城市企业联系紧密，因此主要属于产业园区型特色小城镇。二连浩特市借茶叶之路兴特色文化，打造新时代茶叶之路特色文化品牌，围绕"中华北门、茶叶之路、千年驿站、恐龙故里"等旅游形象定位，大力发展边境特色文化旅游业，根据这些特征可确定其兼属于历史文化型特色小城镇和旅游型特色小城镇。作为中国最大的陆路口岸和中俄之间最大的陆路边境口岸，满洲里具有以下优势：口岸和地缘优势明显、自然资源丰富、政治和政策倾斜力度大等。但也存在一些问题：进出口商品结构单一，双方合作层次不高等问题一直未有改观；贸易的结构不够合理，较为单一；贸易体制存在差异；信息获得不畅通，缺乏对俄罗斯、蒙古国资源的深度调研。满洲里市主要以木材加工业、旅游业、交通运输业等产业为支撑，发展口岸经济，从而带动当地经济不断发展，主要属于产业园区型特色小城镇。满洲里市包容不同民族、不同风格和不同地域的优秀文化成果，成为传递和平与友谊、传播三国异域文化、展现三国风情的重要文化窗口。满洲里市的草原风光、蒙古族风情、边境异国情调以及面积列全国第五的淡水湖呼伦池，都是吸引游客的亮点，根据这些特征可确定其兼属于历史文化型特色小城镇和旅游型特色小城镇。莫尔道嘎镇和白狼镇虽然基础设施较为落后，且与其他地区存在激烈的竞争关系，但都拥有得天独厚的优美自然风光，为当地发展提供了基础和动力，吸引众多游客前来观光，所以二者主要属于旅游型特色小城镇。

建设内蒙古边境特色小城镇是资源、政策、经济和社会等组成的复合系统，其动力机制包括内在现有的或潜在的对城镇发展起促进作用的内部动力，以及外部现有的或潜在的对城镇发展起推动作用的外部动力。影响内蒙古边境特色小城镇发展的因素很多，根据其作用机理可分为两类：一般影响因素和特殊影响因素。一般影响因素按照分工理论、产业集聚理论及城市化发展规律等理论，可分为经济因素和政府政策因素。特殊影响因素可分为地理因素和社会因素。

在建设边境特色小城镇的过程中，要深度挖掘具有发展优势和发展潜力的产业。若想实现边境特色小城镇的健康长远发展，需要精准挖掘特色。在规划时，除了要精准定位，明确自身特色外，还需要合理安排用地，做好基础设施配套建设，统筹安排，科学规划。

建设边境特色小城镇的总体措施有以下几个方面：第一，加强边境特色小城镇基础设施建设。第二，完善多元主体监督，政府精准引导。政府在中蒙俄边境地区的特色小镇建设中，应该由主导变引导，引进多元主体进行监督。市场、企业、社会等共同为边境特色小城镇的建设和发展提供助力，从而保证其可持续发展。第三，注重宣传，大力开发市场。中蒙俄边境地区特色小镇区域资源差异较大，文化底蕴也各具特色。第四，选择和培育有小镇特色的支柱产业和主导产品。

建设二连浩特市的具体措施为：第一，做活边境特色文化旅游业。第二，做强资源储备基地。第三，做成生态牧业示范区。第四，拓展国际贸易和物流业务。建设满洲里市的具体措施为：根据区域经济一体化理论，满洲里口岸要把握好"一带一路"带来的发展机遇，如增强边贸经营管理，加强对边贸商品的质量监督；完善货币结算方式，拓展融资渠道；优化商品结构，提高境内外产品互补性。建设莫尔道嘎镇的具体措施为：莫尔道嘎的发展模式可以总结为"区域产业运营多米诺模型"，区域产业共有六块骨牌，分别是集聚人气、设施提升、导入产业及人才、产品和服务提升、收入增加、美好生活。建设白狼镇的具体措施为：根据产业竞争理论，白狼镇应该使自身的特色鲜明起来，创建自己的景观品牌，从而提升小城镇的竞争力。

本书的研究还存在一些不足，具体包括：侧重对内蒙古边境特色小城镇的规范分析，缺乏运用统计数据及模型工具等进行分析；对各特色小城镇多为孤立的描述，缺少对各地区之间的纵向比较；虽然选择分析的小城镇具有代表性，但是并未涵盖所有的内蒙古边境特色小城镇。我们需要在后续研究中继续深入，并且进行实地调研以弥补不足。

参考文献

［1］Carlos Costa.An Emerging Tourism Planning Paradigm？A Comparative Analysis between Town and Tourism Planning［J］.International Journal of Tourism Research，2001（3）：425-441.

［2］Clare Murphy，Emily Boyle.Testing a Conceptual Model of Cultural Tourism Development in the Post-industrial City：A Case Study of Glasgow［J］.Tourism and Hospitality Research，2006，6（2）：111-128.

［3］Vaishar Antonín，Jana Zapletabva，Eva Nvakova.Between Urban and Rural Sustainability of Small Towns in the Czech Republic［J］.European Countryside，2016，8（4）：351-372.

［4］张少楠，李小建，史焱文.国家级特色小镇空间格局及竞争优势分析［J］.资源开发与市场，2019，35（1）：70-77.

［5］苗力，耿钱政，李娜，孙琦.地域元素再生理念下的辽宁特色小城镇发展研究［J］.小城镇建设，2019，37（3）：47-53.

［6］陈萍.景区带动型乡村旅游精准扶贫：内涵、机制与实现路径［J］.生态经济，2019，35（6）：100-109.

［7］许琐.PPP模式下的特色小镇规划设计探讨［J］.工程技术研究，2019，4（3）：204，206.

［8］段志博.特色小镇项目设计实践与思考［J］.智能建筑与智慧城市，2019，268（3）：114-116.

［9］张车伟.设立国家城乡融合发展试验区是重要的改革方法［J］.中国合作经济，2019，384（5）：35.

［10］戴鲁宁，单卓然."特色小城镇"的就业效能：特征与反思——基于国家首批127个特色小城镇的实证分析［J］.小城镇建设，2019，37（3）：71-81.

［11］张晓欢.新时代中国特色小镇建设的成就和挑战［J］.中国市场，

2019（26）：1-3.

[12] 王明田．特色小（城）镇步入规范化发展轨道［J］．小城镇建设，2019，37（8）：1.

[13] 王华．新时期特色小镇的发展实践探究［J］．智能城市，2019，5（14）：16-18.

[14] 张晓欢．我国特色小（城）镇建设路径分析与政策建议［J］．中国市场，2019（20）：1-4.

[15] 马红丽．智慧推进特色小镇高质量发展［J］．中国信息界，2019（3）：16-17.

[16] 白雪．内蒙古特色小镇的创建及推进路径研究［D］．呼和浩特：内蒙古大学，2019.

[17] 杨明俊，张立，邓观智，耿鲁平．小城镇特色化发展的潜力评价方法探析——基于烟台市106个乡镇（街道）的实证［J］．现代城市研究，2019（5）：9-16.

[18] 叶青清．特色小镇和小城镇建设问题与对策研究［J］．智库时代，2019（19）：16，18.

[19] 冯春盛，程晨，程思．广西柳州特色小镇的建设建议——基于《关于加快美丽特色小（城）镇建设的指导意见》［J］．智能建筑与智慧城市，2019（9）：79-82.

[20] 汪瑞霞，王晨风，王春昱．特色小（城）镇产业与景观空间融合设计研究——以常州市为例［J］．艺术与设计（理论），2019，2（10）：66-68.

[21] 肖绯霞．特色小（城）镇创建中海洋文化资源的开发与利用——基于福建省特色小镇和小城镇的实践研究［R］．两岸创意经济研究报告（2019），厦门：厦门理工学院文化产业与旅游学院，2019：302-317.

[22] 罗频宇．甘肃省特色小镇建设问题及对策分析［J］．财会研究，2019（10）：73-77.

[23] 刘海泉，刘婷．山东特色小城镇建设的实践与探索［J］．城乡建设，2019（13）：64-65.

[24] 刘继为，王伟伟，王楚鑫，王少飞．京津冀协同视域下河北省特色小镇的优化路径［J］．北京农业职业学院学报，2019，33（4）：49-56.

[25] 江东桂，徐小菊．新时期传统旅游特色小城镇发展策略研究——以庐山市海会镇为例［J］．小城镇建设，2019，37（7）：74-81.

[26] 陈杰，赵楠，杨一帆，赵骞．小镇特色发掘的五个维度解析——

以湖州妙西镇为例［J］.小城镇建设，2019，37（7）：89-96.

［27］徐如意，陈田.边境特色小城镇发展模式的系统动力学分析［J］.现代城市研究，2019（7）：73-79.

［28］吴一洲，章天成，凌芬，倪雪玲.需求层次视角的城镇特色意象整治评估与优化策略研究——以浙江省小城镇环境综合整治行动计划为例［J］.现代城市研究，2019（7）：64-72.

［29］刘磊.新型城镇化背景下欠发达地区特色小镇建设路径思考——以新疆生产建设兵团八师134团特色小镇规划为例［J］.中外建筑，2019（8）：119-123.

［30］周杰.高质量推进四川省特色小镇建设［J］.经济研究导刊，2019（23）：35-39.

［31］朱浩，谌晗.走出山地特色小城镇发展新路——贵州省小城镇建设发展纪事［J］.当代贵州，2019（35）：56-57.

［32］王晓兵.贫困地区特色小镇建设融资困难与解决对策［J］.昭通学院学报，2019，41（4）：90-94.

［33］张鸣鸣.赋予重点小城镇更新内涵和更高站位［N］.四川日报，2019-07-08（005）.

［34］杨小云.青海特色小城镇发展的机遇、挑战与路径（下）［N］.青海日报，2019-09-23（011）.

［35］承晨.上海特色小城镇发展：大都市郊区转型的再辨析［A］// 中国城市规划学会，重庆市人民政府.活力城乡　美好人居——2019中国城市规划年会论文集（19小城镇规划）［C］.中国城市规划学会，2019：400-410.

［36］偶春，姚侠妹.少数民族特色小城镇街巷景观营造与保护思路探索［J］.凯里学院学报，2019，37（2）：25-30.

［37］李文增.决胜全面建成小康社会背景下实施乡村振兴战略的意义及路径（下）——以特色小城镇建设为例［J］.产权导刊，2019（4）：64-70.

［38］潘青.新型城镇化背景下打造特色中小城镇路径思考［J］.烟台职业学院学报，2019，25（1）：21-23.

［39］叶安迪.安徽省旅游特色小镇建设研究［D］.合肥：安徽大学，2019.

［40］向莉波.湖北省民族地区特色小镇建设的问题与对策研究［D］.恩施：湖北民族大学，2019.

［41］陈前虎，司梦祺，潘兵.浙江省小城镇特色成长的机制、障碍与

路径——可持续发展的扩展模型及应用[J].经济地理，2019，39（11）：69-75.

［42］刘曈.基于SWOT-AHP分析评判特色小镇规划合理性研究［D］.呼和浩特：内蒙古师范大学，2019.

［43］李艳艳.河南省特色小镇营销策略研究［D］.郑州：华北水利水电大学，2019.

［44］胡莎莎.瑶里文旅特色小镇规划策略研究［D］.南昌：南昌航空大学，2019.

［45］信桂新，熊正贤.模式与经验：中国特色小镇建设实践研究［J］.资源开发与市场，2019，35（6）：819-825.

［46］武前波，徐伟.新时期传统小城镇向特色小镇转型的理论逻辑［J］.经济地理，2018，38（2）：82-89.

［47］李志刚.特色小（城）镇建设中的文旅融合［J］.人民论坛·学术前沿，2019（11）：56-63.

［48］吕娉婷.关于辽宁省辽阳市建设特色小镇的对策研究［J］.经济师，2019（8）：125-126，128.

［49］梁雪，郭怡然，陈应真.资源禀赋型特色小镇的"三生"融合发展模式研究——以源潭镇为例［J］.对外经贸，2019（5）：63-66，123.

［50］方应波，易文芳，汤铭春.特色小镇发展模式与政策思考［J］.商业经济研究，2019（10）：141-144.

［51］杨明俊，张立，邓观智，耿鲁平.小城镇特色化发展的潜力评价方法探析——基于烟台市106个乡镇（街道）的实证［J］.现代城市研究，2019（5）：9-16.

［52］单卓然.本期聚焦：特色小镇建设路径与发展机制研究［J］.现代城市研究，2019（5）：1.

［53］张继焦，宋丹.民族地区的新型城镇化——以特色小镇为例［J］.广西大学学报（哲学社会科学版），2019，41（3）：127-134.

［54］曾银燕.特色小镇"生态文化"品牌建设路径研究——以广州市从化区为例［J］.经济界，2019（3）：17-24.

［55］田伟.河北省祖山镇特色小城镇建设研究［D］.石家庄：河北经贸大学，2019.

［56］单卓然，徐蕾，袁满.我国特色小城镇对近地区域经济增长贡献时空演化研究［J］.现代城市研究，2019（5）：2-8.

［57］张丽萍，徐清源.我国特色小镇发展进程分析？［J］.调研世界，2019（4）：51-56.

［58］王蕾，陈家洛，沈铖杰，刘忠秀.临沂市特色小镇培育与建设的问题与对策［J］.中国市场，2019（10）：20-22.

［59］刘晓萍.科学把握新时代特色小镇的功能定位［J］.宏观经济研究，2019（4）：153-161.

［60］赵磊，关克宇.中国特色小镇发展现状分析［J］.中国房地产，2019（2）：58-64.

［61］秦宗财，朱蓉.我国文旅特色小镇IP定位研究［J］.文化产业研究，2019（3）：230-243.

［62］吴维海.坚定用习近平新时代中国特色社会主义思想统领特色小（城）镇规划与建设［A］//陕西金诚文化发展有限公司，国家部委系统智库机构国合华夏城市规划研究院.新时代学刊2019年第2辑（总第2卷）［C］.《新时代学刊》编辑部，2019：34-43.

［63］王节.长沙市特色小（城）镇培育建设的调查与思考［J］.产业创新研究，2019（3）：16-17，37.

［64］孟雷，费子昂.辽宁特色小镇竞争力的综合评价研究［J］.中国集体经济，2019（8）：10-12.

［65］赵媛.全域旅游背景下的小城镇旅游规划实践探索——以泰州市麒麟湾特色小镇为例［J］.城市建设理论研究（电子版），2019（6）：24.

［66］何琛，普拉提·莫合塔尔，居玛·吐尼亚孜等.中国特色小镇的空间分异［J］.江苏农业科学，2019，47（3）：288-293.

［67］张环，张铁骊.海南小城镇特色景观研究——以桂林洋为例［J］.艺术科技，2019，32（2）：53.

［68］石会娟，王森，刘慈萱，冯凌乐.面向文化旅游的特色小城镇发展路径探索——以柞水县营盘镇为例［J］.中国名城，2019（2）：28-31.

［69］龙彬，司方慧.协同、创新、共建——特色小城镇与美丽乡村关系初探［J］.重庆建筑，2019，18（1）：5-8.

［70］华文娟，蒋明阅，吴学维等.统筹城乡发展中特色小城镇经济与文化的研究——以威宁县羊街镇为例［J］.智能城市，2019，5（21）：33-34.

［71］王猛.日照市小城镇特色产业发展研究［D］.青岛：青岛科技大学，2019.

［72］孙轩，张晓欢，陈锋.中国特色小城镇发展空间格局特征与政策

建议[J].中国经济报告，2018（9）：94-97.

［73］王沈玉，张海滨.历史经典产业特色小镇规划策略——以杭州笕桥丝尚小镇为例[J].规划师，2018，34（6）：74-79.

［74］王跃.规范有序推进特色小镇培育建设的几点建议[J].经济研究参考，2018（24）：54-56.

［75］李明超，钱冲.特色小镇发展模式何以成功：浙江经验解读[J].中共杭州市委党校学报，2018（1）：31-37.

［76］杨毅然，沈克印.供给侧改革背景下我国体育特色小镇建设路径探讨[J].体育成人教育学刊，2018，34（1）：36-40，57.

［77］谢海生，王艳飞，金浩然.我国特色小镇建设的经营模式研究[J].建筑经济，2018，39（8）：26-30.

［78］陈一静.中国城镇化创新发展探究：特色小镇发展模式及机遇[J].天津行政学院学报，2018，20（5）：13-20.

［79］鲁钰雯，翟国方，施益军，周姝天.中外特色小镇发展模式比较研究[J].世界农业，2018，474（10）：187-193，269.

［80］段嫦娥.特色小镇建设的实践与探索[J].中国商论，2018（8）：127-128.

［81］晁恒，邹小龙，李贵才.面向城市群的珠三角近郊型小城镇空间优化策略——以中山市沙溪镇为例[J].现代城市研究，2018（9）：56-63.

［82］朱瑾.特色小镇空间环境评价体系及优化策略研究[D].合肥：合肥工业大学，2018.

［83］王吉勇，朱骏，张晖.特色小镇的全流程规划与实施探索——以杭州梦想小镇为例[J].规划师，2018，34（1）：24-29.

［84］杨秀，仇勇懿，陆天赞，王长文.把握自身资源禀赋的特色小镇规划方法探索——以中山港口镇游戏游艺文化特色小镇为例[J].城市发展研究，2018，25（5）：12-18.

［85］张丽萍.我国特色小镇发展的理论与实践脉络分析[J].调研世界，2018（6）：5-9.

［86］仝晓宇.工业镇创建特色小镇的对策研究[D].北京：首都经济贸易大学，2018.

［87］李集生，王海山，王丽，王爱华，刘怀文.以可持续发展理念建设特色小镇[J].工程管理学报，2018，32（4）：81-85.

［88］庄园，冯新刚，陈玲.特色小城镇发展潜力评价方法探索——以

403 个国家特色小城镇为例［J］.小城镇建设，2018，36（9）：31-42.

［89］陈一静.中国城镇化创新发展探究：特色小镇发展模式及机遇［J］.天津行政学院学报，2018，20（5）：11-18.

［90］魏佳慧.基于乡村振兴战略下的特色小城镇研究［J］.居舍，2018（36）：198.

［91］荣丽华，王彦开.内蒙古特色小城镇培育建设研究［J］.小城镇建设，2018，36（12）：45-52.

［92］吴妍.我国发布建立特色小镇和特色小城镇高质量发展机制［J］.福建轻纺，2018（11）：1.

［93］黄跃武.新型城镇化背景下的特色小城镇设计要点分析［J］.河南建材，2018（6）：356-357.

［94］卿高媛.新型城镇化背景下小城镇特色的塑造［J］.工程技术研究，2018（14）：240-242.

［95］韦业宇.中国城镇化下沉视角下的特色小镇"特色"选择［J］.价值工程，2018，37（34）：35-37.

［96］汪永臻.中国西部特色小镇建设现状及发展研究［J］.中国名城，2018（11）：26-32.

［97］廖萍康.以乡村振兴和特色小（城）镇建设引领北部生态发展区县域经济发展［J］.广东经济，2018（11）：80-83.

［98］张娜.新型城镇化背景下小城镇可持续发展存在的问题及对策研究［J］.绿色科技，2018（20）：177-180.

［99］王侬，牛海鹏.特色小镇的发展进程及发展建议［J］.中国环境管理，2018，10（5）：75-78.

［100］高鸿.阿尔山市白狼镇特色小城镇建设研究［D］.呼和浩特：内蒙古大学，2018.

［101］张晓欢，刘燕玲.促进新时代特色小（城）镇沿着正确路径发展的政策建议［J］.经济研究参考，2018（54）：28-30.

［102］张玉昆，杨超，陈玲.中西部特色小城镇与扶贫结合的政策研究及路径探索［J］.小城镇建设，2018，36（9）：49-54.

［103］张立，白郁欣.403 个国家（培育）特色小城镇的特征分析及若干讨论［J］.小城镇建设，2018，36（9）：20-30.

［104］杨永胜，张云.新常态背景下内蒙古"特色小镇"规划建设政策解读［J］.小城镇建设，2018，36（9）：60-65.

［105］孙朝阳，于晓斐，李朝辉.内蒙古地区特色小镇建设研究——以科左后旗特色小镇建设为例［J］.大连民族大学学报，2018，20（5）：430-436.

［106］王晖.新型城镇化视角下特色小镇产业发展路径研究［J］.经济研究导刊，2018（25）：136-138.

［107］张云根.关于我国中小城镇特色建设问题的若干思考［J］.中华建设，2018（8）：84-85.

［108］任嘉浩.特色小镇的国际比较［J］.河南教育学院学报，2018，37（3）：35-42.

［109］李婷.特色小城镇环境精细化治理研究［J］.山东行政学院学报，2018（3）：106-110.

［110］徐丰超.特色小镇的市场机遇与政策风险［J］.中国房地产，2018（17）：49-52.

［111］裴聪.特色小城镇建设注重多元融合［N］.西藏日报（汉），2018-06-14（009）.

［112］孙雪洁.浅谈小城镇规划建设中的特色［J］.建材与装饰，2018（27）：118.

［113］杨玉洁.边远少数民族地区特色小镇培育研究［D］.成都：西南交通大学，2018.

［114］薛珂.产业集聚视角下我国特色小镇发展路径研究［D］.天津：天津城建大学，2018.

［115］杨忠强.浅析智慧＋建设国家特色小城镇［J］.智能建筑与智慧城市，2018（5）：119-120.

［116］张小溪.特色小镇发展的四要素分析［J］.中国商论，2018（14）：132-133.

［117］白阳.兴安盟新型城镇化建设研究［D］.呼和浩特：内蒙古师范大学，2018.

［118］狄凡，周霞.基于现状分析的"特色小镇"建设问题研究［J］.小城镇建设，2018（5）：12-17.

［119］李欢欢.全域旅游背景下泛旅游产业小城镇运作模式探索［J］.小城镇建设，2018（5）：59-65.

［120］李梦圆.特色小镇产城融合度研究［D］.赣州：江西理工大学，2018.

［121］谯薇，倪小茹，邬维唯.我国特色小镇发展现状、主要问题及发展路径探析［J］.当代经济，2018（8）：72-74.

［122］致公党上海市委.特色小镇：崇明新型城乡一体化建设重要抓手［N］.联合时报，2018-03-27（003）.

［123］石剑桥.基于政策分析的特色小镇发展脉络研究［J］.城市住宅，2018，25（3）：28-31.

［124］段小力.生态文明视域下西部民族特色城镇化协同发展路径［J］.农业经济，2018（3）：9-11.

［125］谭荣华，杜坤伦.特色小镇"产业＋金融"发展模式研究［J］.西南金融，2018（3）：3-9.

［126］李辉.西北欠发达地区特色小镇建设思考［J］.城市建设理论研究（电子版），2018（6）：197.

［127］谯薇，邬维唯.我国特色小镇的发展模式与效率提升路径［J］.社会科学动态，2018（2）：94-99.

［128］曹骏杰.特色小镇建设国际经验比较与借鉴——以英、美、西欧为例［J］.南方企业家，2018（2）：215.

［129］吴昌和，李长江.建设特色小城镇形成旅游增长极［J］.理论与当代，2018（1）：13-15.

［130］张贵付，陈雁辉.以产镇融合推进小城镇发展［J］.湖南农业，2018（1）：29.

［131］赵海洋.凤城市通远堡镇产业转型发展战略研究［D］.沈阳：沈阳建筑大学，2018.

［132］李硕扬，刘群红.产城融合视角下特色小镇的功能定位研究——以南昌太平镇为例［J］.城市发展研究，2018，25（12）：168-172.

［133］杨阳.我国特色小镇建设中存在的问题及对策研究［J］.美与时代，2018，775（11）：58-59.

［134］李志强.特色小镇"全域化"生态治理：政治语境、系统建构与政策路径——基于苏浙案例的分析［J］.城市发展研究，2018，25（2）：100-110.

［135］王景新，支晓娟.中国乡村振兴及其地域空间重构——特色小镇与美丽乡村同建振兴乡村的案例、经验及未来［J］.南京农业大学学报（社会科学版），2018，18（2）：17-26，157-158.

［136］刘伯霞.特色小镇建设研究——以甘肃为例［J］.中国名城，

2018（1）：13-19.

［137］张建，阮智杰，赵之枫.北京市特色小城镇发展研究［J］.小城镇建设，2018，36（9）：55-59.

［138］李寅峰，马惠娣."特色小镇"建设热中的冷思考——"特色小镇"建设中的文化汲取与传承［J］.治理研究，2018，34（3）：113-121.

［139］马海涛，赵西梅.基于"三生空间"理念的中国特色小镇发展模式认知与策略探讨［J］.发展研究，2017（12）：50-56.

［140］仇丽萍.特色小镇建设的实践与探索［J］.决策咨询，2017（3）：74-79.

［141］姚春苏.规范推进小城镇建设严控房地产化倾向［J］.城市开发，2017（24）：81-83.

［142］付晓东，蒋雅伟.基于根植性视角的我国特色小镇发展模式探讨［J］.中国软科学，2017（8）：102-111.

［143］本刊编辑部.小城镇之路在何方？——新型城镇化背景下的小城镇发展学术笔谈会［J］.城市规划学刊，2017（2）：1-9.

［144］程堂明.特色小城镇培育路径方法探讨［J］.城乡建设，2017（24）：11-12.

［145］张立.特色小镇政策、特征及延伸意义［J］.城乡规划，2017（6）：24-32.

［146］李季.特色小镇产业融合趋于"精细化"［N］.中国出版传媒商报，2017-12-15（009）.

［147］刘红旗.发展特色小城镇，提高内蒙古城镇化水平［J］.现代经济信息，2017（23）：490.

［148］孟思.特色小镇的内涵延伸及空间建构策略探析［D］.苏州：苏州科技大学，2017.

［149］欧阳鹏.特色旅游小城镇交通品质提升的集成化策略——以浙江乌镇为例［A］//中国城市规划学会，东莞市人民政府.持续发展理性规划——2017中国城市规划年会论文集（06城市交通规划）［C］.中国城市规划学会，2017：13.

［150］傅俊尧.小城镇发展的浙江样本：对特色小镇发展的理论思考［A］//中国城市规划学会，东莞市人民政府.持续发展理性规划——2017中国城市规划年会论文集（19小城镇规划）［C］.中国城市规划学会，2017：10.

［151］陈晓蓁.我国特色小镇主导产业选择研究［D］.济南：山东建筑大学，2017.

［152］刘国斌，高英杰，王福林.中国特色小镇发展现状及未来发展路径研究［J］.哈尔滨商业大学学报（社会科学版），2017，157（6）：98-107.

［153］张少楠，李小建，史焱文.基于 GIS 的郑州城市建成区空间扩张及影响因素［J］.河南科学，2017，35（11）：1883-1888.

［154］白玮.特色小镇健康发展的思路［J］.中国国情国力，2017（8）：48-49.

［155］高树军.特色小城镇建设发展研究——以青岛海青茶园小镇为例［J］.农业经济问题，2017，38（3）：40-44.

［156］李敢.舒适物理论视角下莫干特色小镇建设解析——一个消费社会学视角［J］.城市规划，2017，41（3）：61-66.

［157］申立，陆圆圆.特色小镇发展与我国基层建制改革研究——基于历史的视角［J］.上海城市管理，2017，26（6）：48-54.

［158］李明.新型城镇化背景下乡愁文化传承的理论和实践探析［J］.中共乐山市委党校学报，2017，19（6）：67-72.

［159］李柏文，曾博伟，宋红梅.特色小城镇的形成动因及其发展规律［J］.北京联合大学学报，2017，15（2）：36-40.

［160］孙亚铃.特色小镇健康发展的思路［J］.居舍，2017（20）：164.

［161］张知遥.陕西特色小城镇建设与产业选择［J］.现代商业，2017（15）：189-190.

［162］褚天骄.新视角下的小城镇大战略——我国小城镇发展滞后原因及发展战略研究［J］.城乡建设，2017（11）：33-37.

［163］杨珉.阿克苏地区推进特色小城镇建设路径探析［J］.管理观察，2017（17）：188-189，192.

［164］贾孟炎."特色小镇"视域下的小城镇街道景观风貌营造研究［J］.美与时代（城市版），2017（6）：31-32.

［165］李娜，仇保兴.中英小城镇发展特点及存在问题比较研究［J］.城市发展研究，2017，24（12）：23-27.

［166］赵秀玲."特色小镇"建设与基层治理［J］.江苏师范大学学报（哲学社会科学版），2017，43（5）：1-8.

［167］李强.特色小镇是浙江创新发展的战略选择［J］.中国经贸导刊，2016（4）：10-13.

［168］周凯政.温州特色小城镇发展研究［D］.舟山：浙江海洋大学，2016.

［169］谢瑞武.成都市加快特色小城镇发展的实践与思考［J］.小城镇建设，2016（7）：104-109.

［170］徐晓曦."城市修补"理念下特色小城镇旅游适应性更新研究［D］.南京：东南大学，2016.

［171］杨钠涵.中蒙经济合作区建设研究［D］.呼和浩特：内蒙古大学，2016.

［172］卫龙宝，史新杰.浙江特色小镇建设的若干思考与建议［J］.浙江社会科学，2016（3）：28-32.

［173］厉华笑，杨飞，裘国平.基于目标导向的特色小镇规划创新思考——结合浙江省特色小镇规划实践［J］.小城镇建设，2016（3）：42-48.

［174］叶飞文.福建特色小城镇建设路径的实践与探索［J］.中国投资，2016（10）：64-67.

［175］傅超.特色小镇发展的国际经验比较与借鉴［J］.中国经贸导刊，2016（31）：34-35.

［176］金立中.新常态下产业集聚模式创新——杭州特色小镇发展研究［D］.杭州：浙江工业大学，2016.

［177］宋维尔，汤欢，应婵莉.浙江特色小镇规划的编制思路与方法初探［J］.小城镇建设，2016（3）：34-37.

［178］姜青春.新型城镇化背景下的小城镇特色发展思路探析——以合肥市环巢湖小镇三河镇总体规划为例［A］// 中国城市规划学会，贵阳市人民政府.新常态：传承与变革——2015中国城市规划年会论文集（15小城镇规划）［C］.中国城市规划学会，2015：371-384.

［179］王丽洁，袁雪祥.张家港市特色小城镇的塑造路径［J］.城乡建设，2015（5）：60-61.

［180］杨国胜，孙奇.用五大发展理念引领特色小镇建设［J］.浙江经济，2015（23）：50-51.

［181］韩刚，于新东.特色小镇的发展路径研究［J］.环球市场信息导报，2015（21）：27-31.

［182］蔡续.桂林市特色小城镇建设问题与对策研究［J］.中国发展，2015，15（4）：43-47.

［183］刘媛.满洲里发展木材产业的优劣势分析.内蒙古科技与经济，

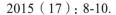
2015（17）：8-10.

[184] 武振国. 锡林郭勒牧区小城镇发展问题及对策研究 [J]. 经济论坛，2015（4）：87-89.

[185] 王丽洁，袁雪祥. 张家港市特色小城镇的塑造路径 [J]. 城乡建设，2015（5）：60-61.

[186] 陈玢. 创新方法潜心规划北京生态涵养区特色小城镇——以密云县巨各庄镇镇域总体规划为例 [J]. 小城镇建设，2015（4）：22-25.

[187] 石忆邵. 德国均衡城镇化模式与中国小城镇发展的体制瓶颈 [J]. 经济地理，2015，35（11）：54-60，70.

[188] 陈悦，朱莉芬. 重庆市小城镇建设问题与对策研究 [J]. 发展研究，2014（12）：17-21.

[189] 张波. 增添中小城市和小城镇发展活力 [J]. 城乡建设，2014（10）：1.

[190] 石忆邵. 中国新型城镇化与小城镇发展 [J]. 经济地理，2013，33（7）：47-52.

[191] 於芳，陈杰. 特色小城镇建设存在的问题与对策——以重庆市垫江县为例 [J]. 农民致富之友，2013（10）：17，107.

[192] 李克明. 毕节市特色小城镇建设的思考 [J]. 小城镇建设，2013（7）：70-76.

[193] 于立. 英国城乡发展政策对中国小城镇发展的一些启示与思考 [J]. 城市发展研究，2013，20（11）：27-31.

[194] 李正宏，李波平. 湖北特色小城镇建设的思考 [J]. 湖北社会科学，2013（6）：65-68.

[195] 张丽萍，郑庆昌. 中国特色新型城镇化与小城镇建设 [J]. 福建农林大学学报（哲学社会科学版），2013，16（2）：14-18.

[196] 吴锦瑜. 特色旅游小城镇风貌的历史传承——以上海松江小昆山镇风貌规划为例 [A]// 中国城市科学研究会，广西壮族自治区住房和城乡建设厅，广西壮族自治区桂林市人民政府，中国城市规划学会. 2012 城市发展与规划大会论文集 [C]. 北京：中国城市科学研究会，2012：1378-1386.

[197] 陈玉兴，李晓东. 德国、美国、澳大利亚与日本小城镇建设的经验与启示 [J]. 世界农业，2012（8）：80-84.

[198] 杜姗. 西部地区小城镇发展模式研究 [D]. 西安：西安电子科技大学，2012.

［199］田雯婷．特色小城镇的产业发展与城镇空间的耦合关系研究［D］．成都：西南交通大学，2018．

［200］埃比尼泽·霍华德．明日的田园城市［M］．金经元译．北京：商务印书馆，2010．

［201］林玮．特色小镇建构的四种理论形态：发生、阶段、类型与功能［J］．中共杭州市委党校学报，2017（6）：58-66．

［202］苏斯彬，张旭亮．浙江特色小镇在新型城镇化中的实践模式探析［J］．宏观经济管理，2016（10）：73-75，80．

［203］陈宇峰，黄冠．以特色小镇布局供给侧结构性改革的浙江实践［J］．中共浙江省委党校学报，2016，32（5）：28-32．

［204］朱莹莹．特色小镇的产业生态：路径演变与困境突破——以浙江省嘉兴市为例［J］．中共宁波市委党校学报，2017，39（5）：106-114．

［205］白小虎，王松，陈海盛．一种"飞地经济"新模式——来自衢州到杭州跨地建设海创园的经验［J］．开发研究，2018（5）：87-91．

［206］宋家宁，叶剑平．依托金融资本特色小镇整体运营模式研究［J］．住宅产业，2016（9）：39-42．

［207］丁伯康．如何从金融角度推动特色小镇建设［N］．中国建设报，2016-11-24（006）．

［208］陈立旭．论特色小镇建设的文化支撑［J］．中共浙江省委党校学报，2016，32（5）：14-20．

［209］徐剑锋．特色小镇要聚集"创新"功能［J］．浙江社会科学，2016（3）：42-43．

［210］闵学勤．精准治理视角下的特色小镇及其创建路径［J］．同济大学学报（社会科学版），2016，27（5）：55-60．

［211］方应波，易文芳，黄炜迦．产业升级视角下广东省特色小镇发展路径研究［J］．经济论坛，2019（1）：73-77．

［212］吴奶金，谢晓维，陈晔，刘飞翔．福建省特色小镇建设的路径选择［J］．台湾农业探索，2017（1）：43-47．

［213］王振坡，薛珂，张颖，宋顺锋．我国特色小镇发展进路探析［J］．学习与实践，2017（4）：23-30．

［214］李凌岚，安诣彬，郭成．"上""下"结合的特色小镇可持续发展路径［J］．规划师，2018，34（1）：5-11．

［215］冯奎，黄曦颖．准确把握推进特色小镇发展的政策重点——浙江

等地推进特色小镇发展的启示［J］.中国发展观察，2016（18）：15-18.

［216］金兴华.浙江实施特色小镇战略的意义、影响与路径选择［J］.当代经济，2016（25）：56-57.

［217］徐梦周，王祖强.创新生态系统视角下特色小镇的培育策略——基于梦想小镇的案例探索［J］.中共浙江省委党校学报，2016，32（5）：33-38.

［218］B.盖伊·彼得斯.政府未来的治理模式［M］.吴爱明译.北京：中国人民大学出版社，2001.